Lange/Müller/Ortmann Alltag des Jugendarbeiters

Kritische Texte:
Sozialarbeit
Sozialpädagogik
Soziale Probleme

Herausgegeben von
Hanns Eyferth
Paul Hirschauer
Joachim Matthes
Wolfgang Nahrstedt
Hans-Uwe Otto
Hans Thiersch

Klaus Lange/Burkhard Müller/
Friedrich Ortmann

Alltag des Jugendarbeiters

An wessen Bedürfnissen orientiert sich Jugendarbeit?

Luchterhand

CIP-Kurztitelaufnahme der Deutschen Bibliothek
Lange, Klaus
Alltag des Jugendarbeiters : an wessen Bedürfnissen orientiert sich Jugendarbeit?
Klaus Lange ; Burkhard Müller ; Friedrich Ortmann.
Neuwied, Darmstadt : Luchterhand, 1980.
(Kritische Texte Sozialarbeit, Sozialpädagogik, soziale Probleme)
ISBN 3-472-58048-8
NE: Müller, Burkhard:; Ortmann, Friedrich:

Gesamtherstellung: Druck- und Verlags-Gesellschaft mbH, Darmstadt.
Printed in Germany, Juli 1980.

Inhalt

Vorwort

Über die Sozialarbeiter als handelnde Subjekte wird seit kurzem eine lebhafte Diskussion geführt. Die Identitätsprobleme des Sozialarbeiters (*L. Roth*), sein pädagogisches Profil (*G. Aly*), seine »Gefühlsarbeit« (Sozialarbeiterinnengruppe Frankfurt), seine Bedürfnisse und Ängste (*L. Gerhard*) stehen auf der Tagesordnung. Nachdem in den Praxisfeldern der Jugendarbeit diese Problematik deutlich geworden ist, fängt nun »die Theorie« an, diesen dicken Brocken, der ihr da vors Haus gefallen ist, zu vermessen.

Die theoretische Diskussion über Jugendarbeit, die in den vergangenen Jahren unter den Schlagworten »emanzipatorische« oder »antikapitalistische« oder »bedürfnisorientierte« Jugendarbeit geführt worden ist, schwieg zu diesem Thema weitgehend. Sie setzte sich vielmehr mit der Emanzipation, dem politischen Bewußtsein, den Interessen oder Bedürfnissen der Jugendlichen auseinander. Die Sozialpädagogen waren in diesen theoretischen Überlegungen lediglich die Vollstrecker hehrer pädagogischer Zielsetzungen, an die höchstens Forderungen bezüglich ihres Verhaltens zur Realisierung dieser Ziele gerichtet wurden. Als Subjekte pädagogischen Handelns waren sie kaum, als Individuen mit Bedürfnissen und Ängsten, mit Ansprüchen und politischen Perspektiven, mit Aggression und Resignation waren sie überhaupt nicht erkennbar. *Kentler* hat in seinem Beitrag zu den bekannten »Vier Versuchen« das Problem einmal angesprochen, indem er ein Team der Jugendarbeiter als »Kader aufgeklärter Menschen« forderte. Aber diese Überlegungen sind nirgends aufgegriffen worden. Damit blieb auch unreflektiert, daß die Ziele der Jugendarbeit – die Emanzipation der Jugendlichen, die Durchsetzung ihrer Interessen, die Befriedigung ihrer Bedürfnisse – nur in der Interpretation des jeweiligen Jugendarbeiters für dessen Handeln relevant werden können, diese Interpretation aber nicht unabhängig von den politischen Vorstellungen, den Ängsten und Bedürfnissen des Jugendarbeiters, seiner Erfahrungsfähigkeit und deren Blockierung und anderen individuellen Bedingungen sein kann. Durch das Handeln des individuellen Jugendarbeiters, durch sein Eingehen auf die Jugendlichen und seine Fähigkeiten werden die pädagogischen Maximen wirksam (oder nicht). Es ist kein Wunder, daß die in der Jugendarbeit praktisch Tätigen deshalb von »der Theorie« verlangen, daß diese Probleme analysiert werden, damit sie in ihrer Arbeit Hilfe von der Theorie erhalten können.

Die Theorie der Jugendarbeit beschränkte sich bisher in der Regel auf die kritische Analyse bestehender Situationen in der Jugendarbeit, ohne eine

Handlungsperspektive zur Veränderung zu verdeutlichen. Der Theoretiker schien ganz hinter die Analyse der Interessen und Bedürfnisse der Jugendlichen zurückzutreten. Damit – so scheint es – wurde ein folgenschwerer Irrtum der kritischen Theorie wiederholt, nämlich daß allein die Aufklärung über die entfremdete Lebenssituation ausreichend sei, um diese Situation zu verändern. Es liegt deshalb der Verdacht nahe, daß die Diskussion in der Theorie der Jugendarbeit von der »emanzipatorischen« zur »antikapitalistischen« und von dort zur »bedürfnisorientierten« Jugendarbeit mehr die politischen Tendenzen unter Pädagogen im Zuge der Entwicklung und des Verfalls der Studentenbewegung widerspiegelt, als eine praktische Auseinandersetzung mit dem politischen Bewußtsein der Jugendlichen darstellt.

Jetzt wird von den praktisch in der Jugendarbeit tätigen Pädagogen und Sozialarbeitern zunehmend gefordert, den bisherigen Abstraktionsgrad von Theorie zu verlassen, ihnen in ihrer jeweiligen praktischen Situation behilflich zu sein und Handlungsperspektiven aufzuzeigen. Damit aber ist auch die Theorie der bedürfnisorientierten Jugendarbeit in ihrer bisher konzipierten Form infragegestellt. Sie hat es zwar ausdrücklich zum Programm erhoben, eine theoretische wie praktische Verknüpfung zu leisten zwischen dem Anspruch einer politischen Aufklärung und den konkreten, von Sozialisation und Umwelt geprägten Bedürfnissen, an welche die Aufklärung anzuknüpfen sucht. Nur sagt die Forderung, Jugendarbeit müsse »an den Bedürfnissen der Jugendlichen anknüpfen«, in diesem Zusammenhang für sich genommen noch nichts. Sie ist keine inhaltliche Bestimmung, sondern selbstverständliche Voraussetzung von Jugendarbeit, sofern diese prinzipiell auf der freiwilligen Teilnahme von Jugendlichen beruht. Ob aber dieses »Anknüpfen an den Bedürfnissen« manipulativen oder emanzipatorischen Charakter hat, entscheidet sich nicht an den guten bzw. fortschrittlichen Absichten des Jugendarbeiters und auch nicht allein an der Wirksamkeit seiner Anknüpfungsmethoden. Vielmehr ist der Prozeß der Jugendarbeit in seiner je konkreten inhaltlichen Prägung durch Erwartungen und Erfahrungen, durch Routine und Phantasie, durch Interessen und deren Verhinderung sowohl auf seiten der Jugendarbeiter wie auf seiten der Jugendlichen das Medium, in dem sich Ziele, Sinnbestimmungen und Maximen der Arbeit durchsetzen. Ob diese Ziele, Maximen etc. dann praktisch fortschrittlichen Charakter haben, d. h. eine Entwicklung in Gang setzen, in der eine schrittweise »Zurückweisung der Entfremdung« (*Sève*) möglich wird, das läßt sich nicht vorab von außen, sondern nur im Prozeß der Jugendarbeit selbst entscheiden.

Das in jeder Situation der Jugendarbeit in spezifischer Weise vorhandene intensive Geflecht von Beziehungen, Erwartungen, Interessen, Bedürfnissen, Ängsten, das im praktischen Umgang des Jugendarbeiters mit den Jugendlichen besteht, aber widersetzt sich der einlinigen, durchgängig kausalanalytischen Beschreibung. Was also kann Theorie in einer solchen Situation überhaupt leisten? Welche Art theoretisierender Bemühungen kann hier hilfreich sein?

Wir versuchen uns in dem vorliegenden Band dieser Problematik von zwei Seiten zu nähern. Einerseits wird in der Arbeit von *Klaus Lange* der Versuch unternommen, von einer konkreten Situationsbeschreibung ausgehend, die aus der praktischen Arbeit in einer Einrichtung der offenen Jugendarbeit resultiert, diese zu analysieren. Das heißt, er macht den Versuch – so wie er in der praktischen Arbeit zwangsläufig erforderlich wird, wenn man nicht vollkommen in Routine und theorieloses Herumwuseln verfallen will – die konkrete Erfahrung zu »theoretisieren«, sie mit Hilfe theoretischer Kategorien und Begriffe zu erfassen. Dazu bedient er sich insbesondere der Theorie des Alltagslebens, zeigt die Komplexität, Diffusität und Unverbindlichkeit des Jugendhausalltags auf, stellt diesem die Ansprüche und Berufsmotivationen des Jugendarbeiters nach einer nicht-entfremdeten, authentische Erfahrung ermöglichenden, identitätsstiftenden Arbeit gegenüber und beschreibt die möglichen Reaktionsformen des Jugendarbeiters auf seine alltägliche Situation. Zweck seiner Überlegungen ist es, einige Möglichkeiten aufzuzeigen, die vielleicht eine Klärung der Widersprüche, eine Strukturierung der Diffusität des Alltags im Jugendhaus und eine Hilfe bei der Identitätsbildung als Jugendarbeiter herbeiführen können.

Burkhard Müller und *Friedrich Ortmann* versuchen andererseits auf dem theoretischen Stand der Diskussion um die »bedürfnisorientierte Jugendarbeit« und durch deren Kritik eine Weiterentwicklung der Theorie der Jugendarbeit. Sie zeigen auf, wie die Reduktion der Bedürfnisse und die Zerstörung der Einheit von Bedürfnisentstehung und Bedürfnisbefriedigung Jugendliche und Jugendarbeiter in gleicher Weise betrifft, wie deshalb die bedürfnisorientierte Jugendarbeit sinnvoll nur gedacht werden kann als ein bedürfnisentwickelnder Prozeß bei Jugendlichen und Jugendarbeitern gleichermaßen. Das aber erfordert, daß die unterschiedliche Lebenssituation beider, ihre unterschiedliche Sozialisation und die unterschiedliche Bedeutung, die die Jugendarbeit für beide hat (Beruf versus Freizeitaktivität), auch in der Theorie bearbeitet wird. Hierbei liegt der Schwerpunkt der Untersuchung – in bewußter Umkehrung bisheriger Arbeiten zur Jugendarbeit – in der theoretischen Analyse der Situation des Jugendarbeiters (Ausbildung, Lebenssituation, Bedürfnisse/Sinnsuche und Fremdbestimmung/Legitimationsdruck/Liebe zum Beruf/»Gefühlsarbeit«). Weiterhin wird untersucht, wie eine Verständigung zwischen Jugendarbeiter und Jugendlichen überhaupt zustandekommen kann, welche Prozesse der Erklärung und Verständigung erforderlich sind, damit eine »Zusammenarbeit« möglich wird. In welcher Weise hierzu Theorie von Nutzen sein kann, und welche Anforderungen Theorie in der Jugendarbeit niemals wird erfüllen können, wird in einem Exkurs skizziert.

Die unterschiedlichen Vorgehensweisen in den beiden Arbeiten dieses Bandes sind offenkundig auch von der beruflichen Situation der Autoren geprägt: Klaus Lange hat lange Zeit in einem Jugendhaus gearbeitet. Er versucht vor allem, seine dort gemachten Erfahrungen zu strukturieren, sie für andere, die in vergleichbaren Situationen stehen, mitteilbar zu machen und seine Reflexionen und persönlichen Konsequenzen aufgrund dieser Erfahrungen zur Diskussion zu stellen. Burkhard Müller und Friedrich Ortmann haben nur wenig eigene Erfahrung in der Praxis offener Jugendarbeit. Sie werden aber als Hochschullehrer in ihren Veranstaltungen, in Praktikantengruppen und als »wissenschaftliche Begleiter« von Projekten dauernd damit konfrontiert, daß die Studierenden – die zum Teil langjährige Erfahrungen in offener Jugendarbeit haben – mit den vorhandenen Theorien zur Jugendarbeit wenig anzufangen wissen. Aus diesen Anforderungen heraus ist von ihnen der Versuch unternommen worden, vorliegende theoretische Überlegungen weiter voranzutreiben, sie (vielleicht) für das Verständnis praktischer Probleme brauchbarer und für Problemlösungen hilfreicher zu machen, zugleich aber auch zu verdeutlichen, welche Grenzen einer »Anwendung« von Theorie gesetzt sind, wenn Theorie nicht positivistisch verkürzt oder gar zur Rezeptologie pervertiert werden soll.

Daß diese beiden Arbeiten nicht integriert als eine einzige veröffentlicht werden, mag als ein Mangel erscheinen. Dennoch glauben wir, daß in der gleichzeitigen Darstellung unterschiedlicher Sichtweisen zum selben Problem die Chance liegt, dieses Problem für Personen mit unterschiedlicher Biografie, unterschiedlicher Lebenssituation und damit unterschiedlicher Erfahrung verständlicher zu machen.

Gerade weil die Erfahrungsgrundlage der Autoren beider Arbeiten in besonderem Maße die Probleme von (angehenden) Jugendarbeitern sind, stehen diese auch im Vordergrund; ja es mag manchmal so erscheinen, als würde das Leben der Jugendlichen darauf reduziert, »Gegenstand« und Ansprechpartner der Jugendarbeit zu sein. Das beruht neben unserer Absicht, Probleme des Jugendarbeiters in den Vordergrund zu rücken, vielleicht darauf, daß unser Wissen von den Problemen der Jugendlichen – soweit es über die »Fakten«, die inzwischen über ihre Arbeits- und

Freizeitsituation vorliegen, hinausgehen muß – also insbesondere von ihren Ängsten, Hoffnungen, Wünschen und deren Bedeutung für ihren Alltag zu gering ist, um differenziertere theoretische Aussagen über »die Jugendlichen« zu ermöglichen. Wir sind deshalb zurückhaltend mit Feststellungen darüber. Andererseits aber wissen wir wohl, daß die Konfrontation mit der Jugendarbeit für die meisten Jugendlichen zunächst (und häufig auch zuletzt) einen relativ unwichtigen Lebensbereich darstellt. Über ihr Lebensschicksal wird anderswo entschieden; und nicht selten entsteht das Leiden an der Jugendarbeit dadurch, daß man wirklich nichts machen kann.

Mit ihren existenzrelevanten Bedürfnissen richten sich die Jugendlichen meistens nicht an die Jugendarbeit – eben weil diese nichts für deren Befriedigung tun kann; aber gerade dadurch sind diese Bedürfnisse in der Jugendarbeit immer in einer furchtbaren Weise abwesend-anwesend. Wer im Jugendhaus mit Jugendlichen ohne reale Berufsperspektive, mit Süchtigen, mit Ausländerjugendlichen ohne Arbeitserlaubnis etc. konfrontiert ist, wird uns möglicherweise bescheinigen, daß unser relativer pädagogischer Optimismus mit der Ausblendung dieser Problembereiche erkauft sei. Dem können wir nicht völlig widersprechen, sondern nur hoffen, daß unsere begrenzte Perspektive in ihren Grenzen nützlich ist.

Burkhard Müller/Friedrich Ortmann

Klaus Lange

Der Alltag im Jugendhaus

oder: Das Leiden an der falschen Wirklichkeit

1. Jugendhausalltag – ein Beispiel

»Da brach auf einen Schlag so viel Unbekanntes herein, daß ich mir an diesem Tag und in den folgenden Wochen vorkam wie einer, der erste Bekanntschaft mit der unberechenbaren Nordseebrandung macht. Ich fühlte mich einer entfesselten Natur gegenübergestellt und ich versuchte, dem archaisch zu begegnen, bezwingend, zähmend, bändigend.
Wenn ich – dasselbe gilt für jeden der fünf anderen Kollegen – um zwei Uhr auf den Hof fuhr, dann war das Auto sogleich umringt von Kindern: Spiel mit mir. Trag mi. Was hosch in deira Dasch? Kriag i des? Und dann hatten wir noch nicht einmal den Mantel im Schrank, da blökten uns die Älteren an: He, wann macht's Café uff? Für was wirschn du zahlt? Auf, mol bissle Bewegung zeige.
Wenn ich, Minuten später, den Caféschlüssel schwenkend, einen Pulk von Jugendlichen hinter mir herziehend, durchs Treppenhaus ging, war ich schon in den Wirbel hineingeraten, der bis Abends anhielt und mich erst um zehn Uhr wieder entließ.« (*L. Roth*, 1978, S. 16).

Ähnlich, vielleicht nicht ganz so dramatisch und mit etwas weniger archaischer Kraft zum Bändigen versehen, verläuft für fast jeden Mitarbeiter die Anfangsphase im Jugendhaus. Kaum Platz für eigenes Handeln, hinterherlaufen, nicht durchblicken, was gespielt wird, berochen werden, verarscht von den einen, bemuttert und an der Hand genommen von den andern. Und dann die ersten Tests: ein Judenwitz, ein paar sexuelle Protzereien, eine kaputte Flasche – du hast kaum eine Chance, du kennst die Gesetze des Hauses nicht, eine Reaktion wird von dir erwartet: Stärke – was du fertig bringst: ein verlegenes Lachen vielleicht oder Kopfschütteln – schon zu spät, Tagesordnung, das nächste Mal bist du schneller – vielleicht. Ein bißchen Schock; so jung und schon rauchen, ein Geschwätz wie ein Alter, und einen ausgewachsenen Sozialpädagogen auf den Schlauch stellen. Auch Angst, feuchte Hände, wenn plötzlich die großen Maschinen andonnern, Lederjacken, abschätzende Blicke – jetzt ganz locker bleiben, bloß nichts Dummes sagen.
Auch ein paar Nette, die sich für dich interessieren, die dir Zeit lassen, die dir erzählen, von sich, vom Haus, von der Schule. Und viele, die dich gar nicht sehen, die du nicht siehst.

Nach ein paar Wochen lichten sich die Nebel, hast du in der Brandung schwimmen gelernt. Du weißt, was erlaubt ist, was nicht, hast die ersten Kämpfe bestanden, bekommst langsam Luft für die eigenen Gedanken, siehst auch plötzlich die Langeweile, die hinter den dauernden Motzereien, Zerstörungen, hinter Zigaretten, Bier und großen Sprüchen gähnt, den sich immer wiederholenden Trott.
Dir fällt wieder ein, was du dir alles vorgenommen hattest, und vieles geht immer noch nicht, geht immer wieder nicht, läuft schief und macht ärgerlich, mißmutig, resigniert.

Ein »Projekt«

Ein kleines Jugendhaus im Stadtteil: im Keller ein großer Raum (mit Theke und Disco, durch Trennwand teilbar) und ein Vorraum (mit Kicker). Oben ein Büro, ebenfalls mit Vorraum, 2,5 Planstellen plus Praktikantenstelle.
Einige Hauptschüler machen gerade ihr 14tägiges Betriebspraktikum. Die Berufswahl steht an. Die meisten wissen noch nicht genau, was sie werden wollen. Gerd ist die Arbeit beim Gärtner zu hart, man muß sich so viel bücken, Didi macht's beim Elektriker viel Spaß, aber als Lehre kommt das nicht in Frage, da kommt so viel Mathe in der Schule ...
Bisher konnte die Mitarbeiterin, die noch nicht allzulange hier arbeitet, nicht viel mit dieser Gruppe anfangen. Sie fühlte sich eher durch sie verunsichert.
Jetzt aber, wo die Jungs öfter über ihr Berufspraktikum reden, hat sie schon ganz gute Gespräche mit einzelnen von ihnen gemacht. Dabei ist ihr aufgefallen, daß bei den Gesprächen an der Theke, wo sie immer alle zusammensitzen, die meisten nur erzählen, was sie alles Tolles gemacht haben, wie gut sie dies und jenes schon können, wieviel Bier sie mit dem Gesellen zusammen getrunken und wieviel Trinkgeld sie bekommen haben. In den Einzelgesprächen dagegen hat sie manchmal herausgehört, daß sie doch ziemlich unsicher sind, ob sie sich für diesen Beruf auch eignen, ob sie auch genommen werden, wenn sie sich bewerben, ob ihre Eltern einverstanden sind, ob sie auch die Berufsschule schaffen.
Ist es nicht erstaunlich, daß die Jungs zwar wie Pech und Schwefel zusammenhalten und als Gruppe auftreten, gegen die man keine Chance hat, besonders wenn es darum geht, Sozialarbeiter, andere Jugendliche (vor allem jüngere) oder überhaupt andere zu ärgern und zur Weißglut zu treiben, daß sie aber krampfhaft versuchen, ihre Unsicherheiten, Schwierigkeiten und Ängste voneinander zu verbergen?
Es müßte doch möglich sein, ihnen klar zu machen, daß sie es sich

dadurch nur selbst noch schwerer machen, wenn sie glauben, immer den starken Mann spielen zu müssen und ihr Gesicht nicht verlieren zu dürfen. Es müßte doch möglich sein, ihnen die Erfahrung zu vermitteln, daß der Rückhalt, den sie sich als Gruppe beim Ärgern anderer geben, eine fadenscheinige Sicherheit ist. Daß sowohl jeder einzelne als auch die ganze Gruppe mehr davon hat, wenn sie merken, daß sie die gleichen Schwierigkeiten und Ängste haben, daß sie diese nicht voreinander verstecken müssen, sondern gemeinsam darüber reden und etwas dagegen tun können.

Von alleine merken sie das aber sicher nicht, dazu sind sie viel zu sehr auf ihre »Stärke-Rolle« verpflichtet. Aber könnte nicht sie (die Mitarbeiterin) Bedingungen schaffen, unter denen es leichter fällt, davon wegzukommen. Am Anfang wäre es sicher günstig, nicht gleich das Schwierigste von ihnen zu verlangen, also über ihre Ängste und Probleme zu reden, sondern erstmal auf der Informationsebene ihr Interesse an einer ernsthafteren Auseinandersetzung mit ihrer Berufswahl zu wecken. Sie könnte z. B. aus der Kreisbildstelle einige Filme über verschiedene Berufe ausleihen, Betriebsbesichtigungen machen, dann mal Leute einladen, die in den Berufen arbeiten, für die sich die Jugendlichen interessieren, auch jemanden vom Arbeitsamt, der ihnen sagen kann, wie man am besten Bewerbungen schreibt und wie das Ganze so abläuft. Und dann könnte sie ja vor allem versuchen, Lehrlingen, die auch ins Jugendhaus kommen, vorzuschlagen, den Jüngeren ihre Erfahrungen zu erzählen. Dabei merken die dann sicher, daß eigentlich jeder Angst davor hat, was da alles auf ihn zukommt. Außerdem ergeben sich durch die vielen Kontakte auch mehr Möglichkeiten, überhaupt eine Lehrstelle zu finden.

Die Mitarbeiterin entschließt sich, erst mal ein Treffen vorzuschlagen, zu dem nicht nur »die Gruppe« kommen soll, von der die Rede war, sondern vielleicht auch noch andere Hauptschüler in der gleichen Situation. Dabei wird sie einen Film zeigen, denn Filme schauen sie ja gerne an. »Lehrjahre sind keine Herrenjahre« ist ja auch ein recht guter, kritischer Film; da sehen sie gleich, wie wichtig, aber auch schwierig es ist, sich gewerkschaftlich zu organisieren und gemeinsam zu versuchen, seine schlechte Lage zu verbessern.

Die Terminfrage ist natürlich auch noch wichtig. Montag ist schon Film, Dienstag im andern Jugendhaus Disco, Mittwoch wird ein Länderspiel übertragen, Donnerstag ist hier Disco. Bleibt also nur der Freitag, am besten am späten Nachmittag, da sind immer viele da von denen, die es angeht. Also Freitag, 17 h.

Nichts wie los: Plakate schreiben, die Mädchen besonders einzuladen nicht vergessen, Flugblätter abziehen und während der Disco verteilen,

den Film abholen, vorher anschauen, damit sie kurz erklären kann, worum es in dem Film geht und weshalb das Treffen überhaupt stattfindet und wichtig ist.
Freitag, 17 h: Die Mitarbeiterin ist ein bißchen nervös, weil es das erste Mal ist, daß sie was ganz alleine macht (natürlich wurde im Team darüber geredet, aber sie wollte mal ganz selbständig versuchen, ›ihr Projekt‹ durchzuführen). Damit das Ganze ungestörter ablaufen kann (es ist ja nur ein großer Raum da) und diejenigen, die sich nicht dafür interessieren nicht dauernd stören, zieht sie die Trennwand vor, stellt auf der einen Seite Tische und Stühle auf und bereitet alles für den Film vor.
17.10 h: Komisch, noch keiner da. Thomas schaut zur Tür herein: »No schaffe, so isch recht!«, grinst und verschwindet wieder. Zwei kommen, die sie nicht kennt: »Kommt ihr zur Veranstaltung über die Berufswahl? Setzt euch ruhig schon mal hin, ich schau bloß, wo die andern bleiben.« Na ja, wenn noch niemand da ist, werden sie solange was trinken, antworten die beiden und ziehen ab Richtung Theke. Sie versteht das nicht. Gestern noch hat sie mit Bernhard, Didi, Gerd, Axel, Andi und noch ein paar anderen gesprochen und alle waren ziemlich interessiert daran und wollten ganz sicher kommen. Sie geht auch in den anderen Raum zur Theke. Dort sitzen Didi und Gerd und trinken ein Bier. »Wolltet ihr beide nicht auch bei der Berufswahlgruppe mitmachen?«
»Koi Luschd heit. Mir ganged em halb sechse in de Keller, da solls Schtunk gäbe! Da misse mr dabei sei!«
»Aber findet ihr es nicht wichtiger, in der Gruppe mitzumachen und euch genauer über die Berufe zu informieren, die euch interessieren? Es ist doch besser, sich vorher drum zu kümmern als wenn es euch nach einem halben Jahr furchbar stinkt.«
»Jo, jo, nägschmol vielleicht, heit misse mr in de Keller! Also Gerd, komm sauf aus, no gange mr!«
Etwas verdutzt und hilflos schaut sie sich um und sieht hinten in der Ecke eine ganze Menge Leute um einen Tisch sitzen und stehen, darunter auch einige aus »der Gruppe«. »Wollt ihr nicht rüberkommen, die Besprechung für die Berufswahl fängt an. Ihr wolltet doch auch den Film sehen!«
»Siehsch et, daß mr grad Karte schpieled?!«
»Ja, aber ihr könnt doch nachher weiter spielen!«
»Noi, des goat it, des isch grad so schpannend. Außerdem han i grad zwoi Mark verlore, die mueß i wieder gwinne!«
»So, ihr spielt also wieder um Geld! Ihr wißt doch, daß das hier nicht läuft!?«
»A wa. Gang nomm und guck dei Film aa und loß uns in Ruah! Und

wenn dr Boß (Sozialarbeiter) kommt, demmers Geld scho weg!«
Allmählich ist ihre Frustrationsgrenze erreicht. Ein zaghafter, letzter Versuch noch, an die Zuschauer gerichtet: »Und was ist mit euch, wollt ihr nicht mit rüberkommen, das ist doch wichtig für euch?!«
»Noi, isch grad so guet wie de Karle den ausnemmt. Außerdem gange mr nachher glei ins Kino«.
»Aber gestern habt ihr doch gesagt, ihr wollt den Film hier anschauen!«
»Awa, Bruce Lee isch besser!«

Innerlich kochend dreht sie sich um und geht. Immerhin sind drei Jugendliche da, die den Film sehen wollen, aber nur den Film, zum Reden haben sie vorher keine Lust. Also zeigt sie den Film. Als es dann dunkel ist und der Film läuft, kommen doch noch ein paar herein. Gegen Ende des Films sind immerhin acht Jugendliche da und die Mitarbeiterin ist fast wieder versöhnt und hofft, daß sich bei der Diskussion über den Film vielleicht doch noch ein Interesse an einer Gruppe herausstellt und sie ihre Vorschläge einbringen kann.
Als der Film dann aus ist, macht sie das Licht an und schaltet das Filmgerät ab. Sie dreht sich um und will sagen, daß man sich jetzt ja noch zusammensetzen könne, doch sie steht plötzlich allein im Raum. Alle haben sich verdrückt, nur der kleine Bernd ist noch da und fragt ganz freundlich, ob er helfen soll beim Aufräumen.
Nach dem Wochenende hat die Mitarbeiterin ihren »Mißerfolg« etwas verkraftet und nimmt sich vor, besonders die Jugendlichen noch einmal anzusprechen, die gar nicht gekommen sind, obwohl sie zugesagt hatten. Aber auch hier ein sehr ähnliches Bild: Ich hab meinen Lehrvertrag unterschrieben, da brauch ich ja nicht mehr kommen ... mein Vater hat gesagt, daß er wahrscheinlich eine Lehrstelle besorgen kann ... ich hab's vergessen ... mein Freund hat mich kurz vorher abgeholt und wollte lieber zum Tanzen ...

2. Zum Verständnis der Situation

2.1. Unverbindlichkeit, Komplexität, Sinnlosigkeit

Im Beispiel konnte es nur angedeutet werden: Jugendhausalltag ist von seiner Struktur her unverbindlich, diffus und zugleich komplex. Die Möglichkeit, sich auf eine Gruppe zu konzentrieren ist nicht das Normale: der Bericht über die Ferienfreizeit und die Abrechnung muß unbedingt bis morgen fertig sein, die Getränkebestellung aufgegeben werden; dau-

ernd Anrufe: der Amtsleiter braucht mal wieder Besuchszahlen, eine Mutter beschwert sich, daß ihre Tochter gestern betrunken von der Disco heimkam, die Sitzung mit den Leuten von der Jugendgerichtshilfe wird von Mittwoch auf Dienstag vorverlegt; schauen, wo der Film bleibt, die im andern Jugendhaus schlafen mal wieder, dann kommt einer, den sie beim Klauen im Kaufhaus erwischt haben, derweil geht im Vorraum ein Stuhl zu Bruch: »I han me bloß draufgsetzt, wirklich!« . . .
So kommt es entweder gar nicht dazu, daß notwendige inhaltliche Arbeit angefangen wird, oder nach ein, zwei mißlungenen Versuchen versinken die Ansätze wieder im Trubel: ». . .; daß anfallende Probleme rasch erledigt werden sollen, verführt zu einer Geschäftigkeit, in der schwierige Probleme ebensowenig angegangen werden können wie weiterreichende Neuerungen; sie werden abgewiesen mit den ja immer anstehenden unmittelbaren Nötigungen des Augenblicks, es bleibt bei Erregungen, bei Ansätzen, bei perpetuierter Schlamperei« (*Thiersch*, 1978, S. 14).
Ein zweites kommt zu dieser »perpetuierten Schlamperei« hinzu. Um das tägliche Wirrwarr zu bewältigen, »im Alltag nicht zu ersaufen«, bilden sich Routinen heraus, die zwar die Komplexität reduzieren, die aber nicht mehr hinterfragt werden. Es ist bequemer, den Schlüssel gar nicht herzugeben als sich zu überlegen, wem die Verantwortung zugetraut werden kann, und dies vor denen zu begründen, die ihn nicht bekommen. Es ist bequemer, sich zu bestimmten Zeiten ins Büro zu verziehen, weil doch nichts läuft, als zu schauen, daß etwas in Gang kommt. Es ist bequemer, die Getränkeabrechnung selbst zu machen, damit sie wenigstens stimmt, als hinterher einen Tag lang den Fehler zu suchen. »Alltagshandeln stützt sich auf Routinen; in ihnen können sich Lösungen unabhängig von gegebenen Problemen verfestigen; es wird vergessen, zur Befriedigung welcher Bedürfnisse, Erfahrungen und Hoffnungen sie dienen. Eine solche Routinisierung kann besonders gefährlich werden angesichts der im Alltag so dominierenden elementaren Geschäfte; Alltag erstickt dann gleichsam in seiner verfestigten Banalität« (a. a. O. S. 14 f.).
Die Erfahrung von Unstrukturiertheit und Unverbindlichkeit (die im Beispiel besonders deutlich wurde) und ihrer routinisierten Verarbeitung hat auf das Selbstverständnis des Sozialarbeiters im Jugendhaus oft eine zermürbende Wirkung. Sie setzt sich um in ein subjektives Gefühl der Sinnlosigkeit und der fehlenden Perspektive für die eigene Arbeit.

2.2. Die Blockierung von Erfahrung

Ein weiteres »zermürbendes« Moment ist im Beispiel deutlich geworden: Die Jugendlichen, von denen die Rede war, standen vor einer schwierigen

Entscheidung: ihrer Berufswahl. Sie hatten die Gelegenheit, ohne allzuviel eigene Anstrengung Informationen zu bekommen oder sich zu beschaffen, die ihre Entscheidung hätte fundierter machen können, Erfahrungen von Älteren vermittelt zu bekommen, sich auf etwas vorzubereiten, wovor sie Angst hatten, weil sie nicht vorbereitet waren. Weshalb waren ihnen ein Kartenspiel, eine vermeintliche Schlägerei, ein Gewalt-Film, ein Disco-Abend wichtiger? Waren sie ihnen wirklich wichtiger? Warum kamen einige erst zum Film, als es im Raum schon dunkel war, weshalb liefen sie hinterher sofort weg?
Diese Abwehr, dieses »Sich-Verstecken«, wenn es darum geht (= gefordert wird), sich mit sich selbst und seiner Zukunft zu befassen, scheint mir ein Ausdruck, ein Ausläufer dessen zu sein, was *Negt* die »Blockierung von gesellschaftlicher Erfahrung im proletarischen Lebenszusammenhang« nennt (*Negt/Kluge*, 1973, S. 60, vgl. auch *Thiersch*, 1978, S. 15). Die wesentlichsten Momente dieser Blockierung (vorerst bezogen auf den »proletarischen Lebenszusammenhang« und nicht speziell auf die Jugendlichen) sind:

– die Bedingungen am Arbeitsplatz: Fest umrissener und eingeschränkter Bewegungsspielraum, der keine Erfahrung des Betriebszusammenhangs ermöglicht, das Sich-ausgeliefert-Fühlen an die nicht überschaubare Maschinerie, die Nicht-Organisation der verbleibenden wenigen Kooperationsmöglichkeiten bzw. deren Verwertung für die Kapitalinteressen und die
– Strukturierung der arbeitsfreien Zeit »durch den Terrorzusammenhang der modernen Kleinfamilie« (*Negt/Kluge*, 1973, S. 63): Die proletarische Familie ist durch eine »besonders starke Verhaltenstypik und die Unmöglichkeit, ein variierendes Suchverhalten zu entwickeln, bestimmt. Emanzipatorische Erfahrung wird, soweit sie in diesem Umkreis entsteht, sogleich wieder aufgezehrt« (ebd.). »Das ist die permanente Terrorfunktion der Familie: Menschen lebensgeschichtlich so kaputt zu kriegen, daß sie zur Lohnarbeit disponibel sind (...) und dann diese Disponibilität täglich wachzuhalten, indem alle Bedürfnisse, die über sich selbst hinausweisen, immer wieder verstümmelt werden« (*Reiche*, zit. ebd.).

Diese Erfahrung und die Erfahrung bei individuellen Ausbruchsversuchen übertragen sich wie selbstverständlich auf das Kind, auf den Jugendlichen in der proletarischen Familie. Dazu kommt die erste eigene Erfahrung, daß die eigene Erfahrung nichts wert ist: was zu Hause gültig war, was noch gültig ist, gilt in der Schule nichts mehr. »In gewissem Sinne negiert die Schulerfahrung jene Erfahrung, die das Kind in der Familie gemacht hat, und löst sie aus ihrer Verankerung« (ebd., S. 64). Und mit

der Berufswahl steht zum zweiten Mal dieses Lösen aus der Verankerung an!
So zeigt sich also in diesen Versuchen, neue, nicht zur bisherigen passenden Erfahrung abzuwehren, bei den Hauptschülern mehr als eine Ahnung von dem ›Prinzip Lebenslänglich‹. »An ihm, der festen, zur ›zweiten Natur‹ gewordenen Erwartung, daß sich die abhängige Situation im Arbeitsprozeß und die Enge des Lebenszusammenhangs nicht wenden lassen, verfestigt sich ein gegen das Interesse an Erfahrung überhaupt gerichteter Block« (ebd., S. 63).

2.3. Das Alter der Jugendhausbesucher

In ihrer zeitlichen Begrenztheit absehbar, aber für den Sozialarbeiter deshalb nicht weniger belastend als Unverbindlichkeit, Unstrukturiertheit und die Schwierigkeit, Jugendlichen neue Erfahrungen zu ermöglichen, ist die ebenso bekannte wie konkret erfahrbare Tatsache, daß gerade die Altersspanne von etwa 13–18 Jahren eine sehr schwierige ist. Die Gründe dafür sind wohl bekannt: die Veränderungen am eigenen Körper, das entstehende Bewußtsein von der eigenen Sexualität, der Drang, sich aus einer meist nicht liebevollen Umklammerung zu lösen, das sich Hineinfinden in die Gruppe der Gleichaltrigen, neue Rollenanforderungen (Berufswahl, Partnerwahl), das alles bringt die Gefühle ins Wanken, das macht unsicher, macht Angst und muß doch irgendwie zusammengebracht werden. Verschiedene, meist vorgegebene und klischeehafte Lösungen werden ausprobiert: die Mädchen »biedern« sich an, versuchen sich in der verführerischen Frauenrolle und bekommen es dann doch plötzlich mit der Angst zu tun; die Jungs spielen Männer, mittags zwei Bier, die erste Lederjacke, jeden Tag »ne andre«. Oft beißt sich einer – fast tragikkomisch – zu früh an einer Lösung fest: er ist ein Jahr lang der Kasper und kommt nicht mehr weg davon, er wird zum Kung-Fu-Helden – unbesiegbar, unverletzlich, trainiert jeden Tag verbissen drei Stunden. Oder er muß nachholen: seine emotionalen Bedürfnisse, die die eigene Mutter nie befriedigen konnte, und hängt sich an eine Mitarbeiterin.
So offensichtlich diese Tatsachen sind, so penetrant werden sie in den Konzepten der Jugendarbeit – besonders der politischen – ignoriert. Das hat seinen Grund. Nirgends scheinen die eigenen Bedürfnisse und Ansprüche so fehl am Platze zu sein wie hier, nirgends scheint die Chance so gering, Ansatzpunkte zu finden. Die Lösungsversuche der Jugendlichen stehen in krassem Gegensatz zu den eigenen Ideen von Sinnfindung – sie sind oft brutal, zynisch, verzweifelt. Nirgendwo fehlen auch Verläßlichkeit und Verbindlichkeit, die das Konzept doch braucht, in einem solchen

Maße. Hatte ich gestern noch ein gutes Gespräch darüber, warum er sich während der letzten Disco hat vollaufen lassen, kann er mich heute, mit seinen Kumpels zusammen, fertigmachen, jeden Versuch, Kontakt aufzunehmen, ins Nichts schießen lassen, kann er morgen der liebenswürdigste Mensch sein und sogar beim Aufräumen helfen, kann er mich übermorgen gar nicht anschauen – bin ich Luft für ihn. Unergründlich?! Gewiß kann auch ich Lösungen finden. Nach drei, vier Jahren setzt sich die wiederholte Erfahrung in Gelassenheit um: aus dem »Schrecken des Jugendhauses« ist ein »Erwachsener« geworden, verständnisvoll für die Sorgen der Sozi's mit dem »Jungvolk«, er hat seinen Beruf, vielleicht sogar eine feste Freundin, er ist ruhig geworden, »beruhigt«, eingepaßt, befriedet – also nur durchhalten, abwarten?!
Doch diese Lösung ist eine gefährliche: sie ist Routine, sie verkennt, daß in der Zeit der größten Bewegung auch zumindest die Thematisierung von ›alternativen‹ Lebensmöglichkeiten (von zu Hause wegziehen, Wohngemeinschaft, Selbstorganisation in Jugendzentren, Selbsthilfekollektiv . . .) am nächsten liegt. Hat sich die Bewegung festgefahren in ihren Bahnen, scheinen diese oder andere Alternativen den Jugendlichen selbst nicht mehr notwendig, ja überflüssig, lästig. Aber eben auch die Diskrepanz zwischen dem, wie die Jugendlichen in dieser Phase »sind« und dem wie der Pädagoge sie sich wünscht, wie er sie »braucht«, ist hier am größten. Welten prallen aufeinander, Aufgabe, Verzicht, Enttäuschung liegen hier am nächsten.

3. Reaktionsweisen

3.1. Sinnsuche als Motiv

Daß sich unter den beschriebenen Bedingungen beim Sozialpädagogen Gefühle der Resignation und der Sinnlosigkeit dieser Arbeit entwickeln, ist verstehbar. Über das Verstehen hinaus läßt sich dies aber genauer erklären, wenn wir eine Rückblende einschieben in die Phase, in der der Mitarbeiter Jugendarbeit oder Sozialarbeit überhaupt noch als Alternative, als Lösung vieler Probleme und als Erfüllung vieler Hoffnungen empfunden hat, in die Zeit seiner Berufswahl. Oder genauer: eine Rückblende auf die Motive, die mehr oder weniger bewußt seine Entscheidung beeinflußten, einen sozialen Beruf zu ergreifen, auf die Wünsche und Bedürfnisse, die sich mehr oder weniger heimlich mit dieser Wahl verknüpften.
Dießenbacher (1977) stellt zu den Motiven für die Berufswahl drei Thesen

zur Diskussion [1]. Eine dieser Thesen bietet sich hier besonders an, weil sie die Wahl eines sozialen Berufes als die Suche nach einem Weg eben gegen die Gefühle des Sinnverlustes und der Inauthentizität interpretiert: Die Strukturen der »abstrakten« Gesellschaft (*Zijderveld*, 1972), denen sich der moderne Mensch gegenübersieht, stellen sich als zunehmende Pluralisierung, Differenzierung und Verselbständigung dar, als chaotisches Durcheinander verschiedenster Institutionen, in dem allein eine hochgradig formalisierte Bürokratie »in gewissem Umfang die einheitsstiftende Funktion der Religion« (ebd., S. 86) übernommen hat, ohne allerdings wie diese einen Lebenssinn vermitteln zu können. Der einzelne fühlt sich hilflos, zur Passivität verurteilt, im Nebel tappend. Konkret und spürbar sind nur noch die Zwänge und Kontrollen; Sinnerfülltheit und vor allem das Bewußtsein ihrer Freiheitsmöglichkeiten sind verlorengegangen (ebd., S. 60). Die Konstruktion einer Identität wird angesichts der Vielfalt der sich in ihren Verhaltenserwartungen widersprechenden Lebenbereiche und der Fülle möglicher Identitätskonstruktionen zu einer kaum lösbaren Aufgabe; zunehmende Rollendistanz ist die Folge.
Bei denjenigen, die soziale Berufe ergreifen wollen, mag sich Hilfsbereitschaft für die Notleidenden auf der Oberfläche ihrer Motivstruktur abbilden; ursprünglich aber sind sie der Ausdruck der Gesellschaftsstrukturen, die authentische Beziehungen, einen sinnvollen Entwurf des Ganzen, eine Identifikation mit dem politischen und ökonomischen System nicht erlauben. In Form eines pragmatischen Protests suchen sie nach Wegen gegen Heimatlosigkeit, Inauthentizität und Sinnverlust. Im therapeutischen, beratenden, erzieherischen Umgang mit dem Klienten erhoffen sie sich tiefe menschliche Verbindung und authentische Erfahrung, in der Gefühle gezeigt werden können und nicht in die Irrationalität abgedrängt zu werden brauchen« (*Dießenbacher*, 1977, S. 57).
Wird diese Überlegung als These für die weitere Arbeit akzeptiert, so werden nun, angesichts der Gegenüberstellung der hochgesteckten Erwartungen, die mit dem zukünftigen sozialen Beruf verknüpft werden, der stillen Hoffnung auf den eigenen »Gewinn« einerseits, und den tatsächlichen Möglichkeiten, die Arbeit zu machen, die man sich vorgestellt hat, und damit auch die eigenen Bedürfnisse zu befriedigen andererseits die Schwierigkeiten der Jugendarbeit teilweise verständlicher.

1 Die erste These, die vor allem von *Richter* (1976) vertreten wird, sieht in der Wahl eines sozialen Berufs den Versuch der Überwindung eigener Isolationsangst (vgl. *Gerhard*, 1979). In dem anderen hier nicht dargestellten Erklärungsansatz interpretiert *Schelsky* (1975) die Wahl eines sozialen Berufes als ein »Sich-Anhängen« an die neue Kaste der Sinnvermittler und Heilsverkünder, welche sich durch Produktion von Sinn gesellschaftliche Macht erobere und ihre eigene Existenz durch die Ausbeutung der wirklich produzierenden Menschen sichere.

In dem im Beispiel aufgezeigten unverbindlichen, diffusen und komplexen »pädagogischen« Alltag findet die Mitarbeiterin nämlich keine Wege gegen »Heimatlosigkeit«, Inauthentizität und Sinnverlust und auch der beratende Umgang mit den Jugendlichen, von dem sie sich menschliche Verbindung und authentische Erfahrung erhofft hat, erlaubt kaum, ihre Gefühle offen zu zeigen anstatt sie in die Irrationalität abzudrängen.

3.2. Kurzschlüsse

Es ist schwierig, eine Identität in bezug auf sozialwissenschaftliche Kompetenz und professionelles Handeln zu erwerben, auf deren Basis sich diese nur beispielhaft dargestellte und analysierte Erfahrung von Frustration, Enttäuschung, des Zurückgeworfenseins auf Gefühle der Inauthentizität und des Sinnverlustes auffangen und verarbeiten lassen.
Wahrscheinlicher sind Reaktionsformen, die nur scheinbar Abhilfe versprechen und eher eine zusätzliche Quelle dauernden Mißerfolgs, von Überforderung und kaum mehr ertragbarer Belastung darstellen. Viele solcher in bezug auf die ansgestrebte Kompetenz »defizienter« Reaktionsformen (in der Mehrzahl Anpassungen an die Strukturen des Alltags) sind bekannt:

- Resignation/Aufgabe: Ich halt das nicht mehr aus, bin völlig fertig mit den Nerven. Das ist nichts für mich, dabei geh' ich kaputt. Da kann man eh nichts ändern, man müßte ganz wo anders ansetzen. »Im Jugendhaus arbeiten? Nie im Leben! Lieber werd' ich Putzfrau!« (So eine Praktikantin am Ende ihres viermonatigen Praktikums – »Wieso? Kloputzen kannst du doch auch hier!« – die nicht ganz feinfühlige Antwort eines »älteren Hasen«).
- Das Sich-Abfinden und Sich-Zurechtfinden im »gemütlichen Elend« (vgl. *B. Müller*, 1978 b) des Jugendhausalltags: Strategien werden gefunden, die schwierigsten Konflikte auszuhalten, sie abzuschwächen, vielleicht sogar zu verhindern. Sie werden zur Routine, man hat Distanz bekommen, der Laden läuft »eben so«. Verunsicherung, Hinterfragen, Theorie wird aus dem Weg gegangen, man hat ein dickes Fell bekommen, sieht das Ganze »realistisch«, weil der Status quo sicherer ist – auch wenn er schlecht ist – als die Ungewißheit, die eine Verändung, ein »Anders-Machen« mit sich bringt.
- Das Leiden wird zur Berufung (Verstärkung): Man läuft nur noch herum und klagt, wie »beschissen« die Arbeitsbedingungen sind, wie furchtbar schwierig die Jugendlichen, wie repressiv die Verwaltung, wie unzuverlässig die Kollegen – und hält »trotzdem« durch! Und hat nie Zeit!

- Der Methoden-Guru: Die Jugendlichen werden mit Aktionen, Projekten, Spielen, Festen bombardiert. Vor lauter Aktivierung bleibt keine Zeit mehr zum Überlegen, wozu eigentlich aktiviert wird. Das ist auch nicht nötig, die pädagogischen Ziele sind ja klar: Emanzipation, Selbstbestimmung, Kritikfähigkeit, Kreativität, Phantasie ...
- Der Schrei nach der Zusatzausbildung: Darin zeigt sich vor allem die Enttäuschung der emotionalen Bedürfnisse, die sich auf »tiefe menschliche Verbindung« gerichtet haben. Durch die Zusatzausbildung (Therapie) scheint sie »herstellbar« zu werden. (Das Anstreben einer Zusatzausbildung kann natürlich auch sehr begründet und berechtigt sein, wenn damit bestimmte einschränkende Bedingungen abgebaut werden sollen: z. B. die Ausdehnung des Arbeitsfeldes auf Gemeinwesenarbeit oder die Einbeziehung von Familienberatung in die Jugendhausarbeit – das soll hier nicht kritisiert werden).
- Die Selektion: »Gearbeitet« wird nur noch mit bestimmten Jugendlichen, mit bestimmten Gruppen. Aber nicht, weil diese es am nötigsten hätten, sondern weil man am besten »mit ihnen kann«. Was sonst abläuft, wird weitgehend ausgeblendet. Innerhalb dieser Auswahl wird dann oft mit sehr »antiemanzipatorischen« Mitteln um Zuwendung gekämpft. Durch kleine Privilegien (z. B. Schlüssel, Musik machen dürfen ...), durch »volles« Verständnis, durch selbstloses »Aus-der-Patsche-Helfen« wird mit sanftem Druck versucht, die Bedingungen der eigenen Bedürfnisbefriedigung unter Kontrolle zu bringen.
- Man könnte weitermachen: Die, die plötzlich selbst zu Jugendlichen werden, mit auf Sauftour gehen und aus »Solidarität« im Konflikt mit dem Träger Kopf und Kragen riskieren; oder die »Zögerer«, die wochen-, ja monatelang grübeln, bevor sie etwas anpacken, weil ja alles so komplex und schwierig ist, und man dies und jenes mitbedenken und einbeziehen muß.

Die Zahl der Möglichkeiten häufen sich, aber auch die Überschneidungen; Abgrenzungen sind nicht so eindeutig möglich. Vieles ergänzt, verträgt sich. Eins jedoch ist klar: langfristig verhindern diese »Lösungen« alles das, was sie sicherstellen sollten: einen authentischen, befreienden Umgang mit Jugendlichen, ein gemeinsames Überlegen und Ausprobieren von Lebensmöglichkeiten, die Unterstützung im Kampf um die Befriedigung ihrer grundlegendsten Bedürfnisse und Interessen. All dies wird nachhaltig hintergangen.

Deshalb möchte ich im Folgenden die Schwierigkeiten, die zu solchen Reaktionsweisen führen, noch etwas genauer beschreiben.

Mit der Tätigkeit im Jugendhaus sind auf den verschiedensten Ebenen ganz bestimmte Rollen verbunden. Im »Normalfall« – also wenn keine tatsächlich funktionierende Form der Mit- oder Selbstverwaltung vorhanden ist, die ja hohe Anforderungen an Kontinuität und Verbindlichkeit stellen würde – sind die Erwartungen an die Erfüllung dieser Rollen nicht genau abgegrenzt, beschrieben, offen ausgehandelt oder gar vertraglich festgelegt. Sie sind da, für die Jugendlichen selbstverständlich; der Mitarbeiter spürt sie und versucht, meist für sich selbst damit zurechtzukommen.

Diese Rollenerwartungen, das ist bekannt, reichen von der Ordnungsfunktion (Gewährleisten der Öffnungszeiten), Eingreifen bei Konflikten (z. B. bei Schlägereien), das Anbieten von Aktivitäten, Beratung und Hilfe (vor allem bei persönlichen Schwierigkeiten) bis hin zur Kompensation von unbefriedigten emotionalen Bedürfnissen (Mutter-, Vater-, großer Bruder- oder Schwesterersatz), die meist in zerstörten Familienbeziehungen ihre Ursache haben.

Das Annehmen und Erfüllen dieser Rollen fällt aus mehreren Gründen schwer:

- Die Vielzahl und Verschiedenheit der Erwartungen, das dauernde, oft plötzliche Wechseln der Bezugspersonen, von denen sie ausgehen, gefährdet die eigene Identität, das Selbstbild. Man wird hin- und hergerissen, läßt sich nur noch durch andere definieren und kommt nicht zu sich selbst, findet keine Klarheit mehr
- Viele dieser Erwartungen stellen hohe Ansprüche an die eigene Emotionalität: immer voll dabei sein, zuhören, trösten, aufmuntern, verstehen, weiterhelfen, zurechtweisen, Grenzen setzen, immer von sich geben. Das alles mit Absolutheitsanspruch und unter den Bedingungen des dauernden Wechsels und ohne feste Aussicht auf Erfolg. Dies erzeugt ein Gefühl, das man nur als Mischung zwischen Überlaufen, gleich Platzen und völligem Ausgehöhlt-Sein beschreiben kann. Gerade das belastet oft auch die privaten Beziehungen.
- Viele Rollen sind zudem rigide, restriktiv, ja reaktionär und entsprechen absolut nicht den eigenen persönlichen, pädagogischen und politischen Vorstellungen und Ansprüchen. So haben das bis zum Nichtmehr-Aushalten wiederholte Bestehen auf das Rauch- und Alkoholverbot für die Jüngeren, das Verhindern von Geldspielen, das Pokern mit Droh- und Abwiegelungsstrategien während des discotäglichen Krisenmanagements, das immergegenwärtige Aufpassen-Müssen auf die Schlüssel und anderes mehr, gewiß wenig mit der Erfüllung des Wunsches nach »tiefer menschlicher Verbindung« und »authentischer Erfahrung« im »beratenden, fürsorgerischen und therapeutischen Umgang«, mit dem »protestierenden Hinweisen auf die sozialen Schandflecken der Gesellschaft« oder dem »Kombinieren von sensibler Inner-

lichkeit und praktischer Äußerlichkeit« zu tun (vgl. *Dießenbacher*, 1977, S. 57 f.). Und es hat nichts zu tun mit strukturierter Gruppenarbeit und mehr oder weniger politischen Aktionen, bei denen die Jugendlichen selbstorganisiert – aber mit Unterstützung des Pädagogen – ihre bornierten Bedürfnisäußerungen auf »objektive Interessenelemente« hin untersuchen und diesen zur Durchsetzung verhelfen können (vgl. *Damm*, 1975). Dies zu akzeptieren, bedeutet für viele einen schmerzlichen Lernprozeß, denn:

- Die Wahl eines sozialen Berufes war – so die bisherige Behauptung – eine Flucht vor den undurchschaubaren Strukturen der Gesellschaft, den unverbunden und unvermittelt auftretenden Rollenanforderungen, die nur noch die Ausbildung einer »pluralen Identität« ermöglicht, der Fähigkeit, Rollen zu wechseln, wie das Hemd. Jetzt zeigt sich, daß diese Strukturen durchschlagen bis in den letzten Winkel des Jugendhauses.
- Die Wahl dieses Berufs war auch die Suche nach der eigenen emotionalen Sicherheit: überschaubare, sinnerfüllte, verläßliche Beziehungen waren gewünscht. Und jetzt: auf der einen Seite kommt man sich vor wie ein Kaufhausregal während des Schlußverkaufs – jeder wühlt herum, sucht sich aus, was er braucht, es wird immer leerer, nur Unbrauchbares bleibt zurück. Aber aufgefüllt wird erst wieder zur nächsten Saison – nach dem Urlaub! Auf der anderen Seite fühlt man sich wie ein Müllschlucker – jeder stopft hinein, was er nicht mehr brauchen kann, was ihm lästig ist, was weh tut, was er anderswo nicht los wird, nicht loswerden darf. Und geleert wird erst am Wochenende!
- An die Arbeit im Jugendhaus richtet sich die Hoffnung, zusammen mit den Jugendlichen, die sich ebenso nach freieren Formen des Zusammenlebens sehnen, gegen die übermächtigen Zwänge Schritt für Schritt anzukämpfen, zu suchen, zu experimentieren. Und sie spielen wochenlang Karten, ohne auch nur für die geringste Anregung offen zu sein, sie geben ihre Ohnmachtserfahrungen brutal an Jüngere oder Schwächere weiter, sie fügen sich kritiklos in Hackordnungen ein, lösen Konflikte mit Schlägen . . .

Man wehrt sich also, sträubt sich, versucht zu verweigern, »Rollen aufzubrechen« oder sich zurückzuziehen – und erfüllt die Erwartungen dennoch. Sie sind da, sie sind stark, man kann nicht anders, man will nicht und tut es trotzdem. Aber nur halbherzig, widerwillig, überdrüssig, zögernd.

Dieser Zwiespalt, dieses fortwährende Wanken zwischen Verweigerung und Nachgeben, das m. E. eine häufige und typische Reaktion ist, schafft Verwirrung nach allen Seiten hin. Der Mitarbeiter zweifelt mehr als er handelt, er druckst herum, ist mal hart, mal nachgiebig, oft nicht bei der Sache, versucht sich zu drücken, statuiert unvermittelt mal wieder ein Exempel.

Er ist weit von der Identität entfernt, die sowohl Offenheit als auch Klarheit im Handeln in sich vereint. Die Jugendlichen blicken nicht durch, verstehen ihn nicht, finden keine Kontinuität in ihm, schütteln den Kopf: was tut er eigentlich, woran sind sie mit ihm?

Das Fatalste daran ist, daß diese Reaktionsweise (und das gilt wahrscheinlich für die anderen, nicht ausführlicher behandelten in ähnlicher Weise) ihre eigenen Ursachen und Bedingungen immer wieder reproduziert, daß sie sich selbst fortpflanzt, also eine Ursache solcher immer wiederkehrender, nicht lösbar scheinender Konflikte darstellt. Auf dieser Basis bleiben die Beziehungen diffus, verworren, sie können nicht verhandelt, nicht geklärt werden. Die Jugendlichen sind nicht so, daß man mit ihnen »etwas« anfangen kann. Dieses »etwas« kann der Sozialarbeiter aber auch nicht herauslassen aus sich, er kann und will ja seine Rolle als Erzieher, als Pädagoge, als Vater oder Mutter nicht annehmen, will nicht lenken, nicht bestimmen, nicht sagen: so müßt ihr es machen, so, so müßt ihr sein, so geht es nicht. Und die Jugendlichen spüren, er will »etwas« von uns, aber was? Etwas, das wir nicht haben, weil wir nicht wissen, was es ist. Und sie provozieren ihn – vielleicht, um herauszufinden, was es ist. Sie sind so, daß er wieder nichts mit ihnen anfangen kann; sie wenden sich ab, weil sie andere, für sie wichtigere Sorgen haben.

3.3. Kriterien für professionelle Kompetenz im Jugendhausalltag

Geschäftigkeit, Routine, das Sich-Sperren der Jugendlichen gegen neue Erfahrungen, ihre z. T. selbstzerstörerischen Lösungsversuche, dazu oft noch Konflikte mit dem Träger oder innerhalb des Teams, das sind Momente im Jugendhausalltag, die die Suche nach »dem Sinn« hoffnungslos erscheinen lassen. Diese Enttäuschung muß verarbeitet werden. Aber wie?

Die im vorigen Abschnitt skizzierten Versuche, als Pädagoge im Jugendhaus eine Lösung für diese Frage zu finden, sind ebenso naheliegend wie verständlich. Sie haben allerdings gemeinsam den Nachteil, daß sie zumeist nur scheinbar und kurzfristig Erleichterung bringen. Längerfristig bewirken sie häufig das Gegenteil. Sie wirken eher als Zeitbombe und verstricken viele Pädagogen immer mehr in die Ungereimtheiten und belastenden Ansprüche des Jugendhausalltags.

Ehe ich mich – im folgenden Abschnitt – auf Ansatzpunkte zu einer anderen Praxis im Jugendhaus einlasse, möchte ich – als eine Art vereinfachender Antithese zu den skizzierten »Lösungsversuchen« – einige allgemeine Überlegungen zu einer kurzen Bestimmung von Kriterien einer »professionellen Kompetenz« voranstellen, die – zumindest von ihrem theoretischen Anspruch her – eine in bezug auf die Sinnsuche bzw. Sinnfindung produktivere Verarbeitung der Erfahrungen des Jugendhausalltags ermöglichen könnten.

Sozialarbeit, hier insbesondere Jugendarbeit, stellt recht komplizierte Anforderungen an die professionelle Kompetenz dessen, der sie macht. Von ihm, dem Jugendarbeiter bzw. der Sozialarbeit wird nämlich erwartet, »im Namen sozialstaatlicher Forderungen und gesellschaftlicher Widersprüche Möglichkeiten eines, gerade auch für die, die an den Rand gedrängt sind, freien Lebens einzuklagen und diese Ansprüche zu realisieren, indem sie die in den gesellschaftlichen Widersprüchen, in der rechtlichen Verfassung, den Institutionen, den Handlungsmöglichkeiten liegenden humanen Möglichkeiten und Spielräumen erkennt und erweitert« (*Thiersch*, 1977, S. 15).

Diese Vermittlung ist, wenn nicht gar unmöglich, so doch bestimmt schwierig, da sie nicht auf die Festlegung professionalisierter oder gar bürokratischer Handlungsvollzüge hinauslaufen kann und darf. Sie muß vielmehr eine Offenheit gewährleisten, deren Bestimmung sich nur im je einzelnen Fall zwischen institutionellen Auftrag, sozialwissenschaftlicher Erkenntnis (und der damit verbundenen Parteilichkeit) und der konkreten Lebenssituation der Betroffenen vornehmen läßt. Offenheit ist aber nur die eine Seite. Bleibt sie allein, sind Verwirrung, Anpassung (das Fähnchen im Wind), Richtungslosigkeit die Folge. Es fehlt der rote Faden, der sich durch das eigene Handeln hindurchzieht, an dem man sich entlangtasten kann, die Regelmäßigkeit, in der man sich wiederfindet, das also, was man gemeinhin als professionelle Identität bezeichnet.

Beides zusammenbringen: Offenheit und auf Identität beruhende Klarheit im Handeln (Standpunkt klingt mir zu statisch) – *Schülein* (1977 b, S. 319) nennt es den Erwerb einer »stabilen flexiblen Identität« – muß ein wesentliches Moment professioneller Kompetenz sein. Dies ist aus zwei Gründen alles andere als einfach:

– Zum einen, weil Sozialpädagogik als Konsequenz auf die so engagiert geführte Theorie-Praxis-Diskussion zunehmend genötigt ist, sich auf Alltag und seine Zweideutigkeit einzulassen: »Die Alltäglichkeit erforschen heißt, sie verändern wollen. Die Alltäglichkeit verändern heißt, ihre Konfusionen zutage fördern und zur Sprache bringen; es heißt, ihre latenten Konflikte aus der Latenz hervortreiben, mithin explodieren zu lassen. Es handelt sich also gleichzeitig um eine Theorie und um eine Praxis, eine Kritik und ein Handeln. Die Kritik des Alltagslebens enthält und beschleunigt eine bestimmte Entscheidung, die allgemeinste und revolutionärste aller Entscheidungen überhaupt: Die Zweideutigkeiten unerträglich zu machen und gerade das zu verändern, was als das Unveränderlichste im Menschen gilt, weil es keine klaren Konturen hat« (*Lefébvre*, 1975, S. 55 f.). Somit kann »Alltagsorientierung ... nur zum qualifizierten Alltagshandeln, zum gelungenen Alltag, zur Praxis führen, wenn Alltag sich seiner Zweideutigkeit bewußt und immer auch durch Handeln, Phantasie, Theorie und Wissenschaft kritisch aufgehoben ist. In dieser ›doppelten Front‹ zu leben, bestimmt den für Alltagshandeln charakteristischen, so schwierig zu balancierenden Prozeß zur Praxis« (*Thiersch*, 1978, S. 23).

- Zum zweiten, weil eine sozialpädagogische Theorie wie »eigentlich« jede sozialwissenschaftliche Theorie sich ihrem Gegenstand nur unter dem Vorzeichen gleichzeitiger Selbstreflexion erfolgreich annähern kann.

  So sehr dies als Chance begriffen werden muß – die erfolgreiche Auseinandersetzung mit den Zweideutigkeiten und latenten Konflikten des eigenen Alltags macht diese Fähigkeit in der späteren Praxis sicher wahrscheinlicher – so schwierig erscheint der Prozeß des Erwerbs (besser: des dauernden Erarbeitens) einer »stabilen flexiblen Identität« angesichts der Krisenhaftigkeit und der vielfältigen Möglichkeiten zu Scheitern (*Schülein*, 1977 a und b, hat sie eingehend beschrieben).

Auch wenn der Prozeß gelungen scheint, ist die Gefahr des Scheiterns längst nicht gebannt, denn diese Identität als Grundlage sozialwissenschaftlicher Kompetenz kann ja kein Endzustand sein, keine eigenschaftsartige Qualifikation, sondern sie muß sich als Fähigkeit zu dauernder neuer Verunsicherung und zu qualifizierter – weder dogmatischer noch ausweichender – Verarbeitung dieser Verunsicherung, als Fähigkeit, zugleich kritisch und geduldig zu sein, darstellen.

Dementsprechend gibt es auch hier kein Zur-Ruhe-Kommen, da die Integration von theoretischer Erkenntnis und praktischem Handeln mühselig ist, mühseliger als das sich Verschanzen hinter statischer Theorie oder das Verharren in einer routinisierten Praxis, die man nicht mehr bereit ist, kritisch hinterfragen zu lassen. Es besteht die Gefahr, daß Strategien, mit deren Hilfe sich die im sozialwissenschaftlichen Alltag anfallenden Probleme erfolgreich bewältigen ließen, zu Routine werden, und somit andere, diese Strategien gefährdende Erfahrungen ausgeblendet werden. »Die Folgen liegen auf der Hand: unangemessene Praxis, ständige Reproduktion verdinglichter Handlungsformen und Festhalten an erstarrten und zur produktiven Verarbeitung von Realität nur begrenzt tauglichen theoretischen Modellen« (*Schülein*, 1977 b, S. 319) [1].

4. Chancen

Wenn bisher vorwiegend Bedingungen und Reaktionsformen beschrieben wurden, die den Prozeß hin zu einer professionellen Identität eher blockieren als fördern, dann stellt sich jetzt natürlich die Frage, ob und wie Alternativen möglich sind, die Schritte zu einer Berufsidentität darstellen, ohne entweder in einer verkürzten Pseudolösung oder in einem Versinken in der Diffusität des unbewältigten Alltags zu enden. Das Folgende stellt kein ausgefeiltes Konzept dar, sondern es handelt sich eher um eine tastende, einkreisende Annäherung, einen Versuch, einige Gedanken zusammenzufassen, die sich entwickelt haben aus der eigenen Erfahrung, aus Gesprächen mit Kollegen und aus der Anregung durch Konzepte, die zwar außerhalb des eigenen Erfahrungsbereichs entstanden sind, ihm aber entsprechen und aufgrund ihrer Prägnanz manches klarer sehen lassen, was bisher nur »geahnt« wurde.

In der täglichen Praxis bedeutet dieses »Ahnen«, daß etwas nicht stimmt, daß dauernd etwas schiefläuft schon sehr viel. Es kann unter bestimmten Bedingungen einen sehr produktiven Lernprozeß einleiten. Eine solche Bedingung – dies nur am Rande –, die mir sehr hilfreich war und auf die ich nicht mehr verzichten möchte, ist ein Team, in dem durch kontinuierliche Supervision eine Vertrauensbasis geschaffen wurde und immer wieder geschaffen wird, auf deren Grundlage Unsicherheiten und Konkurrenz so bearbeitet werden, daß man sein Handeln und dessen Begründung, die heimlichen Wünsche und Ängste weitgehend angstfrei und öffentlich selbst hinterfragen und von den Kollegen hinterfragen lassen kann und sie nicht mehr verstecken muß. Eine zweite Bedingung ist die Bereitschaft dieses Teams, sich über die Alltagsgeschäfte hinaus durch Theorie infragestellen zu lassen.

Meist reicht aber dieses »Ahnen« nicht aus. Es bedarf eines Standpunktes, von dem aus das ›falsche‹ Verhalten als falsch, als ›defizient‹ bezeichnet werden kann und der das bessere, richtigere Handeln zugleich identifiziert. Anders gefragt: Gibt es ein Konzept professioneller Identität des

1 Dazu eine Nebenbemerkung: Daß leider auch die meisten theoretischen Versuche zur Jugendarbeit »nur begrenzt tauglich« sind zur produktiven Verarbeitung von Realität und keinen allzugroßen Beitrag leisten zur Selbstreflexion liegt daran, daß sie gerade die subjektiven Bedingungen des »Jugendarbeiter – Seins« ausblenden oder nur vorgeblich behandeln. Dies schafft aber eher noch mehr Zweideutigkeiten als daß sie diese zum »explodieren« brächte (vgl. dagegen *Gerhard*, 1979, und *Müller/Ortmann* in diesem Band).

Pädagogen im Jugendhaus, das ein unkontrolliertes Einfließen der Berufsmotive verhindert oder zumindest kontrollierbar macht?

4.1. Das Annehmen der Erzieherrolle

Von den im dritten Abschnitt beschriebenen »defizienten« Reaktionsformen aus gesehen, kann dieses Konzept zunächst nur heißen: annehmen und ausfüllen der Rollen, die die Situation erfordert [1]. Nur so können Jugendliche wissen, woran sie sind, haben Orientierungspunkte, nach denen sie sich richten können oder die sie in Zweifel ziehen können.
Dieses Konzept wird mit großen Engagement von *Götz Aly* (1977) vertreten, dem es vor allem um das Akzeptieren der Erzieherrolle geht: »Gerade in der Arbeit mit proletarischen Kindern, die oftmals in zerrütteten Familien leben, kann es nicht darum gehen, als Erzieher nur etwas Gesprächsbereitschaft, Beratung, etwas Entfaltung, Spaß und Freizeit anzubieten. Sozialpädagogen müssen die Kinder, die nachmittags ins Freizeitheim kommen, auch wirklich fordern, sich mit ihnen auseinandersetzen und für sie mehr sein als ein freundlicher, allwissender Berater. Bei diesen Kindern können wir nicht auf ihren inneren Antrieb, ihre Bedürfnisse und Selbstentfaltungsmöglichkeiten setzen. Ihnen müssen wir konkrete Aufgaben stellen. Nur so lernen sie Selbstvertrauen.
Überlassen wir sie im Laisser-faire-Stil sich selber, dem, was sie ohne Widerstand und Auseinandersetzung akzeptieren und bewältigen, blokkieren sie sich selber und vermitteln sich gegenseitig den Spruch: ›Doof bleibt doof‹ ... Es ist auch absurd, von den betroffenen Jugendlichen selbst kämpferische Initiativen für ihre eigene Erziehung zu erwarten: Selbstentfaltung, Mitbestimmung, Selbstbestimmung und Emanzipation sind Begriffe, die, so schön sie klingen, die Notwendigkeit von Erziehung bestreiten. In der Praxis der letzten Jahre hat der Glaube an die selbstbefreiende ›revolutionäre Kraft‹ der Jugend mit dazu geführt, die Jugendlichen sich selbst zu überlassen. Ihre körperlichen und geistigen Fähigkeiten verkümmern, ihr Selbstbewußtsein zerbricht, ihre Möglichkeiten zu leben, zu lernen und zu kämpfen werden zerstört. Und die Erzieher kommen sich auch noch fortschrittlich vor, wenn sie darauf verzichten, auf überschaubare, gemeinsam erreichbare Ziele hinzuarbeiten, von den Kindern und Jugendlichen auch Leistungen zu verlangen« (*Aly*, 1977, S. 124 f.).

1 Natürlich bleibt auch hier ein persönlicher und professioneller Entscheidungsspielraum. Andererseits bleiben Grenzen, welche Rollenzumutungen überhaupt – und wie weit – angenommen werden können (Beispiel: Die »Anmache« einer Sozialarbeiterin durch männliche Jugendliche). Aber auch die offene Ablehnung von Rollen schafft Orientierung.

Diese erfrischende Deutlichkeit tut der gegenwärtigen Diskussion um offene Jugendarbeit gut. Nicht, daß dieser Gedanke neu wäre. Er gehört »eigentlich« zu den pädagogischen Selbstverständlichkeiten und daß er so einschlägt, so gut ankommt bei vielen praktisch arbeitenden Sozialpädagogen (so nach dem Motto: endlich traut sich's mal einer zu sagen!), ist eher für den Stand der Professionalisierung innerhalb der Jugendarbeit ein trauriger Beweis. Zwar ist dieses Erziehen nicht weniger anstrengend und belastend, aber man weiß wenigstens, woher der Streß kommt. Dem »Streß«, 12- oder 13jährigen beim Rauchen zuzuschauen und sich nicht trauen, dagegen anzugehen, weil man erstens keine Chance hat und sie zweitens ja selber lernen müssen, damit umzugehen und sie drittens dann doch bloß woanders rauchen und man dann doch letztendlich ein schlechtes Gewissen hat, weil man nicht wenigstens einen Versuch gemacht hat, diesem Streß ist der Kampf, jeden Nachmittag, vielleicht über Wochen hinweg, heiße Diskussionen über das plötzliche Rauchverbot zu führen, Zigaretten wegzunehmen, auszudrücken, dafür beschimpft zu werden, doch vorzuziehen, auch wenn man am Anfang furchtbar Angst hat, nicht durchzuhalten.

Was aber wird aus den eigenen Bedürfnissen, wenn die Ziele plötzlich nicht mehr heißen: politische Gruppenarbeit, alternative Lebensformen entwickeln, Selbstorganisation, Durchsetzung von Interessen sondern: ». . . selbständige Organisation des täglichen Lebens vom Wäschewaschen bis zum Essenkochen, das Wegziehen von zu Hause, das gemeinsame Bezwingen eines Berges, das Bauen eines Spielplatzes, das regelmäßige Arbeitengehen, das Einteilen des Geldes, das Durchhalten in der Lehre« (ebd., S. 126).

Also reine Anpassung an die Strukturen, deren repressive Folgen doch mit der Wahl des sozialen Berufes, mit Hilfe der Jugendarbeit bekämpft, gemildert werden sollten? »Wir wissen, daß die Jugendlichen dem durch die gesellschaftlichen Verhältnisse bestimmten Anpassungsprozeß nicht zu entziehen sind. Wir halten solch ein Ziel für illusionär. Für den einzelnen Jugendlichen ist es destruktiv und lebensbedrohend. Erziehung durch die Jugendpflege muß im Prozeß der Anpassung stattfinden – die Grenzen sollte der Erzieher dabei nicht vertuschen, sondern sie den Jugendlichen vorführen, sie mit ihnen zusammen ausloten« (ebd.).

Das kann doch nichts anderes heißen, als das bedingungslose Zurücknehmen, Hintanstellen, Kontrollieren der Bedürfnisse, Orientierungen, Gefühle, Meinungen, die ich in meiner individuellen Lebensgeschichte auf der Grundlage von Motiven der Sinnsuche entwickelt habe, heißt, die Hoffnung aufzugeben, durch meine pädagogische Arbeit stabilisierende Nähe, sinnhafte Bezüge zu bekommen und zu verwirklichen. »Eine solche Erziehung braucht Erzieher, Erwachsene, öffentliche Väter und Mütter, die bereit sind, die Jugendlichen nicht vor der Wirklichkeit zu schützen, sondern sie damit zu konfrontieren. Sie müssen bereit sein, den Konflikt mit den Jugendlichen zu suchen und nicht, wie heute üblich, diesen Konflikt mit den Tricks von Mitbestimmung und Selbstverwaltung zu umschiffen. Die Erzieher müssen die Verantwortung für das Erwachsenwerden der Jugendlichen ohne Skrupel übernehmen und da, wo Anleitung und Führung notwendig ist, diese auch geben« (ebd.).

Das scheint – ist – zunächst völlig richtig. Es ist eine Aufforderung, sich wieder einzuüben in die Erzieherrolle: begleiten durch dick und dünn, helfen, lenken, führen, auch Raum lassen, Grenzen zeigen, setzen und durchsetzen. Dazu scheint mir auch ein großer Nachholbedarf vorhanden zu sein.

Wo aber soll die Kraft, die Energie, die Fähigkeit herkommen, dies zu tun, wo man es doch selbst erst gerade so mühselig geschafft hat, sich von den Autoritäten loszukämpfen, die für einen selbst diese Rolle innehatten, gegen die man sich mit Händen und Füßen gewehrt hat und gegen die man vielleicht aus Protest Sozialpädagogik studiert hat, um es »ganz anders« zu machen, um niemanden mehr einzuengen. Und nun soll man ganz entgegen dieser Gefühle wieder zum Erzieher, zur Autorität werden und dabei auch noch selbst sehr kurz kommen: »Dazu gehört aber auch Liebe, die Bereitschaft, das Leben der anvertrauten Jugendlichen im Ernst zu teilen. Der Erzieher muß sich persönlich einbringen und sich darüber im klaren sein, daß, solange er bei einer solchen Arbeit keinen gesellschaftlichen Rückhalt hat, seine privaten Verhältnisse darunter leiden werden. Die Jugendlichen werden einen solchen Erzieher nicht uneingeschränkt lieben, sie werden ihn oft verfluchen oder beschimpfen, aber sie können in dieser Auseinandersetzung mit ihren Erziehern wachsen, und das erscheint uns wichtiger als das erfolgreiche Ausklammern von Konflikten« (a. a. O., S. 127).

Woher also die Kraft nehmen? Ich glaube, auch ein *Götz Aly* kann nicht auf Dauer gegen »seine« Bedürfnisse arbeiten (die ja in ihrem im Grunde fortschrittlichen Charakter – kritisiert werden ja nicht die Motive und Bedürfnisse selbst, sondern ihr nicht bewußtes und nicht kontrollierbares Projizieren auf die Jugendlichen – durchaus eine Funktion und Berechtigung haben sollen). Und auch er will sicher wachsen und sich entfalten. Aber nur ganz andeutungsweise wird dies deutlich: »Wenn die Jugendlichen diese Anpassung mit dem Erzieher zusammen bewußt gehen, dann können sie mit ›aufrechtem Gang‹ erwachsen werden, ohne das Träumen zu verlernen und das Hoffen zu vergessen« (a. a. O., S. 126).

Es also doch anders »bewußt« machen!? Wie kann man dies verstehen?

Auch anderswo, außerhalb des Jugendhauses und des Einflußbereichs von Sozialpädagogen, haben Jugendliche Konflikte, werden sie erzogen, erfahren sie, oft brutal, Grenzen. Auch da lernen sie Anpassung an die Wirklichkeit, aber meist in einer sehr zerstörerischen Weise, sie lernen den »gebeugten Gang«. Sollen sie das Träumen nicht verlernen und das Hoffen nicht vergessen (worauf?), dann muß die Erziehung anders sein, sie muß eben trotz aller Anpassung das Aufrecht-Gehen nicht unmöglich machen. Sie muß den Jugendlichen das geben, was sie »draußen« nicht bekommen: die Sicherheit, daß trotz aller Schwierigkeiten, Streitigkeiten, Wut, Langeweile, trotz allen Versagens der »andere« letztendlich für sie da ist, daß er zu ihnen hält, sie sich auf ihn verlassen können, auch wenn sie ihn beschimpfen, daß er stehen bleibt und nicht zurückweicht, daß es ihm zuerst um sie geht und nicht um sich selbst. Also Verläßlichkeit, Verbindlichkeit, Nähe, wenn es nötig ist, und Distanz, Kritik, Hartbleiben, wenn sie es brauchen.

Anders gesagt: der Pädagoge muß all das, was er sich von seinem Beruf für sich erhofft hat, an sich selbst verwirklichen. Er muß versuchen, es in den alltäglichen Notwendigkeiten und Ungereimtheiten der Erziehungsarbeit konkret werden zu lassen. Dies gilt auch, wenn er über die emotionale »Knochenarbeit« hinaus zu Gemeinsamkeiten mit den Jugendlichen kommen will, ihnen Alternativen nahebringen will: »Aus diesem Grund sollten Pädagogen in der Jugendarbeit offen von eigenen Überzeugungen und Interessen ausgehen, gerade auch dann, wenn sie wissen, daß die Überzeugungen, Erfahrungen und Interessen der Jugendlichen mit den ihren nicht deckungsgleich sein können. Sie sollten eine Variante der ›goldenen Regel‹ beachten, die lautet: ›Was du willst, das die andern tun sollen, das tu zuerst selbst für dich‹:

- willst du, daß sie aktiv sind, statt zu gammeln, dann tue etwas, das dir selber Spaß macht,
- willst du, daß sie offen über sich reden, dann rede selber offen über dich,
- willst du, daß sie lernen, Rückgrat zu beweisen, dann erprobe, wie stark dein eigenes Rückgrat ist etc. etc.« (*B. Müller*, 1978 a, S. 12).

Um ihn nicht gleich wieder mit diesem Allmachtsanspruch als Denkmal erstarren zu lassen muß betont werden: Dies soll Orientierung sein, Hilfe, nicht Zwang. Dies wird auch nie ganz zu schaffen sein, schon gar nicht allein, aber versucht muß es werden, möglichst gemeinsam (Team!), sich gegenseitig stützend und korrigierend.

Damit scheint zunächst eine große Gefahr, die die eigenen Motive mit sich bringen, gebändigt. Aus der Drohung und Forderung an die Jugendlichen: »Wenn du nicht so werden (sein) willst, wie ich dich brauche

– kritisch, konstruktiv, politisch nach außen, aber auch immer ein persönlicher Partner für mich – dann muß ich dich fallen lassen, dann ist mit dir nichts anzufangen«, ist eine Forderung an den Pädagogen geworden, die positiven Potenzen seiner Bedürfnisse und Ansprüche an sich selbst fruchtbar werden zu lassen. Gewiß eine Chance für beide!

4.2. Das Arbeiten mit Verträgen

So ganz zufriedenstellend ist diese Lösung aber doch nicht. Der »Unterschied« soll ja nicht akzeptiert werden, um die Erzieherrolle zu zementieren, aufrechtzuerhalten, sondern um sie – zumindest potentiell – aufzuheben, das Erziehen überflüssig zu machen. Mit dieser totalen Übernahme der Erzieherrolle ist – wenn sie ihren Gültigkeitsanspruch unbegrenzt auf die ganze Jugendarbeit, also über den Bereich hinaus ausdehnt, in dem sie sich entwickelt hat, nämlich in der Arbeit mit Jugendlichen, für die als nächste Erziehungsinstanz nur noch die »brutale Grenze staatlicher Gewalt« (*Aly*, S. 123) bleibt – wieder ein Feld für Beliebigkeit oder auch Unsicherheit und somit Überforderung aufgetan, solange nicht geklärt ist, solange keine Regeln dafür vorhanden sind, wie denn die Jugendlichen selbst in den Prozeß ihrer Erziehung miteinbezogen werden können und mitbestimmen, ob, wie und wohin erzogen werden soll, wie sie lernen können, auch Verantwortung für sich selbst zu übernehmen. Es fehlt ein differenzierteres Raster für den Erzieher, an dem er sich – als handlungsleitendem Prinzip – orientieren, sich kontrollieren kann. Denn der Jugendhaus-Alltag ist ja immer noch derselbe, immer noch komplex, diffus, unverbindlich und voller Gefahren der Routinisierung und Blockierung.
B. Müller (1978 a) nimmt in seiner Bestimmung eines »kompetenten« Pädagogen im Jugendhaus eine sehr hilfreiche und fruchtbare Unterscheidung vor. Er löst diese Erzieherrolle auf in zwei komplementär aufeinanderbezogene Elemente:

- den Profi oder guten Handwerker: »Er muß erstens die Funktionsweise der Institutionen/Träger und ihre Apparate kennen, die seine Arbeit ermöglichen; und er muß damit umgehen können. Er muß zweitens die Lebenslage und Bedürfnisse der Jugendlichen kennen, vor allem in den Aspekten, in denen sie von den gesellschaftlichen Sozialisationsinstanzen (Familie, Wohnumwelt, Schule, Betrieb etc.) geprägt und eingeengt sind; und er muß von diesen Kenntnissen her zu einer sachkundigen Beratung fähig sein. Er muß drittens eine Reihe handwerklicher bzw. künstlerischer Fähigkeiten i. w. S. besitzen, die es ermöglichen, mit den Jugendlichen noch etwas anderes zu tun, als nur zu reden« (ebd., S. 2).

- den erkennbaren Menschen: Es ist schwieriger zu bestimmen, dieses ›Gegenteil einer grauen Maus‹. Begriffe wie Profil, Persönlichkeit ›Erfahrungsfähigkeit‹ können zu seiner Charakterisierung dienen, oder auch Offenheit im Zeigen der eigenen Meinungen, Überzeugungen, Interessen.

Diese beiden Elemente und ihre mögliche Funktion versucht er nun innerhalb des spezifischen Praxisfeldes Jugendhaus auszuloten: »Handwerkliches Berufsverständnis des Pädagogen in der Jugendarbeit soll heißen, daß es um Fertigkeiten und Kenntnisse (und nicht nur um intellektuelle Fertigkeiten) geht, die der Pädagoge beherrschen muß, um sie den Jugendlichen zur Verfügung zu stellen. Es heißt aber zugleich, und darin muß sich dieses Berufsverständnis spezifisch von anderen Auffassungen von Professionalität unterscheiden, daß über Sinn und Ziele der Verwendung dieser Fertigkeiten *gerade nicht* auf der Ebene professioneller Kompetenz, sondern auf einer anderen, einer persönlichen Ebene entschieden werden muß« (ebd., S. 6).

Wie läßt sich dies verstehen? Offene Jugendarbeit ist, wie jede professionelle Beziehung (sein sollte), ein Vertragsverhältnis, eine »Absprache über den Gegenstandsbereich einer Beziehung« (ebd.): Auf der einen Seite gegenüber dem Träger über Aufgabenbereich und Bezahlung, auf der anderen – wenn auch nur implizit – gegenüber den Jugendlichen über das, was gemeinsam getan oder gearbeitet werden soll. Beide Verträge fordern bestimmte Rollen; sie abzulehnen ist, wie deutlich wurde, ein folgenschwerer Fehler. Was die Situation der offenen Jugendarbeit von vielen anderen pädagogischen Beziehungen grundlegend unterscheidet, ist das Prinzip der Freiwilligkeit im Verhältnis zwischen den Jugendlichen und dem Pädagogen. Ob zwischen diesen ein solcher Vertrag überhaupt eingegangen wird, ob er von Dauer ist, ob er kontinuierliche Wirkung hat, ist mithin immer wieder in Frage gestellt.

Dieses Prinzip der Freiwilligkeit wird »von vielen Sozialarbeitern (und Jugendlichen!) in der Praxis nicht als Chance zu Freiheit und Selbstbestimmung, sondern als Quelle von Frustration, Unverbindlichkeit, Gammeldienst und des Zwangs, immer wieder neu mit neuen Leuten anfangen zu müssen, erlebt« (ebd.). Gerade diese Freiwilligkeit erfordert es jedoch auch, daß »die Sinnfrage, die Frage nach dem ›überhaupt‹ der Zusammenarbeit zwischen Pädagogen und Jugendlichen, nach der gemeinsamen Sache« (ebd., S. 9) immer wieder neu gestellt werden muß.

Und genau diese Frage kann nicht – so die These *B. Müllers* – primär auf der Ebene professioneller Kompetenz beantwortet werden, denn sie ist die grundlegende Voraussetzung ihrer Verwendung: »Entweder beantwortet sich die Frage durch den Zwang der Verhältnisse, gesellschaftliche

Sanktionsdrohung oder individuellen Leidensdruck von selbst; oder sie wird durch vorgegebene Normensysteme (religiöse, idealistische) als beantwortet behandelt« (ebd.) – was zu verhindern mit Absicht dieser Arbeit ist. Oder – und damit sind wir beim Kernpunkt – »sie steht in den Auseinandersetzungen mit den Jugendlichen selbst immer als erste Frage auf der Tagesordnung« (ebd.).

Kann also die Frage nach dem Sinn des pädagogischen Handelns – soll dieses nicht zur Manipulation werden – nicht vorwiegend auf der professionellen Ebene entschieden werden, dann muß sie eben auch und vor allem auf der persönlichen Ebene zwischen dem Pädagogen und den Jugendlichen entschieden werden. Gibt es die »gemeinsame Sache« noch nicht, dann »stehen andere als pädagogische Fragen auf der Tagesordnung, und zwar Fragen, die der Pädagoge zunächst weniger zu stellen als zu beantworten hat: Wie weit kann man dir trauen? Worauf reagierst du sauer? Für welche Sachen, für welche Personen interessierst du dich wirklich? Wofür bist du notfalls bereit zu kämpfen, wo sind die Grenzen, an denen du ins Schleudern kommst? Viele Mitarbeiter, die neu in einem Jugendhaus sind, werden in ganzen Ritualen dieser Art auf die Probe gestellt. Auf keine dieser Fragen ist eine professionelle, auf jede nur eine persönliche Antwort möglich. Verweigert der Mitarbeiter die Antwort – indem er sich hinter seiner professionellen Rolle versteckt oder eine Schau abzieht, oder vielleicht gar nicht merkt, daß er gefragt ist – so hat er eine Chance vertan, die vielleicht nie wiederkehrt, denn solche Rituale sind keineswegs nur individuelle Kraftproben der Jugendlichen (das auch), sondern ein Ausloten der Möglichkeiten für ›Verträge‹ im beschriebenen Sinn!« (A. a. O., S. 11).

Dieser Gedankengang erscheint mir von seiner Intention her durchaus richtig, aber er beinhaltet, so wie ihn *B. Müller* formuliert, die Möglichkeit eines Mißverständnisses: der »erkennbarer-Mensch-Teil« des Pädagogen schafft die Voraussetzungen für einen Vertrag über ein gemeinsames Ziel von Pädagogen und Jugendlichen. Und der »guter-Handwerker-Teil« setzt seine Fähigkeiten ein, um dieses Ziel zu erreichen. So einfach läßt sich weder der Mensch (auch nicht zur besseren Analyse) noch der Vorgang des Erziehens aufspalten. Denn zunächst muß der Erzieher (ich nenne ihn jetzt bewußt so) im Alltagsgeschäft des Jugendhauses als ganzer beweisen, daß er greifbar, standfest und belastbar ist. Er muß zeigen, daß hinter seinen professionellen, handwerklichen Fähigkeiten eine persönliche, emotionale Kraft steht, und daß er seine Fähigkeit, Beziehungen einzugehen, durch handwerkliches Können zum Nutzen der Jugendlichen zu erweitern versteht. Ist der Jugendliche aufgrund dieser Erfahrungen bereit, über eine »gemeinsame Sache« zu verhandeln (z. B. darüber,

wie er lernt, besser mit seinem Geld umzugehen und nicht dauernd Schulden zu machen), dann ist wieder – oder immer noch – beides gefordert: Der Erzieher braucht Einfühlungsvermögen, braucht Mut, um Forderungen aufzustellen, muß Mittel und Wege aufzeigen können, die das Ziel erreichbar erscheinen lassen und er braucht Durchhaltevermögen, um das gemeinsam festgelegte Ziel nicht aus den Augen zu verlieren.
Der »erkennbare Mensch« und der »Profi« sind also als zwei sich gegenseitig bedingende Voraussetzungen der Erzieherrolle (oder besser: des Erziehers) zu sehen, und auch der Vertrag über eine »gemeinsame Sache« verlangt den ganzen Menschen. Der Vorteil des Vertrages ist aber, daß in seinem Aushandeln die Möglichkeit liegt, sowohl dem »erkennbaren Menschen« als auch dem »Profi« bzw. seine pädagogischen Kompetenzen ihren jeweiligen Stellenwert zuzuweisen. Erst in diesem Aushandeln ist grundsätzlich eine »Verständigung darüber möglich, welchen Sinn diese Ziele und Strategien für beide Teile in bezug auf die gemeinsam vereinbarte Sache haben. Diese Verständigung behält immer noch ihre Sprach- und Erfahrungsgrenzen, die respektiert werden müssen, aber sie ist doch möglich und entwickelbar« (ebd.).
In dieser Bestimmung erhalten auch die persönlichen Motive, Bedürfnisse und Interessen des Pädagogen an der Jugendarbeit einen wichtigen, kontrollierbaren Platz zugewiesen, auf dem sie durchaus als Chance wirksam werden können. Kontrollierbar, weil die Jugendlichen selbst entscheiden können, ob sie mit diesem »erkennbaren Menschen«, der zeigt, was ihn bewegt und beschäftigt, was er will, was er für Träume und Hoffnungen, aber auch was er für Grenzen hat, gemeinsame Sache machen wollen. Und Chance, weil etwas von seinen Träumen und Hoffnungen auf ein besseres Zusammenleben auf die Jugendlichen überspringen und zum gemeinsamen Ziel werden kann.
Dazu aber muß er zweierlei lernen:
- sich selbst als Persönlichkeit mit seinen Eigenheiten zu akzeptieren und zu sich selbst zu stehen, dies auch offen zu zeigen
- wieder zu trennen, was sich oft vor und während der Ausbildung vermischt hat: die eigenen Interessen von den pädagogischen Zielen und Strategien, hinter denen sie sich versteckt hatten.

Auch dieser Ansatz steht ohne Zweifel in der Gefahr, an seinem hohen Anspruch zu scheitern. Es ist alles andere als einfach, im Jugendhausalltag immer ein »erkennbarer Mensch« zu sein. Noch mühseliger ist es, einer werden zu wollen. Und es ist äußerst schmerzhaft, zu merken, daß man es nicht schafft und die notwendige Konsequenz ziehen müßte. Da liegt der Rückzug in die Halbheiten doch sehr nahe.
Dennoch hat dieser Ansatz gegenüber vielen anderen für mich einen

entscheidenden Vorteil: er bietet eine klare Orientierungshilfe an, um die eigene Stellung im Jugendhaus gründlich zu überdenken, seine Beziehungen auf Verträge hin und diese Verträge auf ihre Grundlagen hin zu überprüfen.

- Welches sind die Beziehungen, die auf vorgegebenen Verträgen beruhen? Bin ich bereit, sie anzunehmen und kann ich sie kompetent ausfüllen?
- Wo haben sich – auf der Grundlage der persönlichen Auseinandersetzungen – bereits »gemeinsame Sachen« herausgeschält, stillschweigend vielleicht? Lassen sie sich deutlicher klären?

Und die wichtigste Frage:

- Wo ersetzen meine eigenen Vorstellungen und »pädagogischen Ziele« diese Verträge, und welches Interesse habe ich daran? (Das wird sehr schnell deutlich am Herzklopfen das entsteht, wenn ich mir im Einzelfall vorstelle, dem oder den Jugendlichen »meine« Ziele darzulegen, sei dies, indem ich mit ihm darüber rede, oder sei es, indem ich ihn konsequent meinen »pädagogischen Zielen« gemäß »behandle«).

Vor allem mit der Beantwortung der letzten Frage dürfte sehr klar werden, woran und an wem ich in der nächsten Zeit (sofern ich mir dafür welche nehme) vorwiegend arbeiten werde.

Denn vor allem zwei Mißverständnisse dürfen nicht entstehen: Das eine, daß mit dem Vorsatz, nun möglichst viel mit Verträgen zu arbeiten, die kritische Beschäftigung mit den eigenen Motiven und den Schleichwegen, auf denen sie sich gewöhnlich durchzusetzen versuchen, hinfällig wird mit der Begründung, daß beide Motive und Schleichwege – im Vorfeld und innerhalb der Verträge ja kontrollierbar sind. Das wäre mechanistisch und fatal. Das »Kontrollierbar-Werden« ist nicht nur Folge des Arbeitens mit Verträgen, sondern Voraussetzung und Ergebnis zugleich. Oder noch genauer, es kann nur zum gelungenen Ergebnis werden, wenn es als unabdingbare, immer zu erarbeitende Voraussetzung betrachtet wird und somit die Verpflichtung sehr groß wird, sich selbstkritisch (und solidarisch!) mit den eigenen Motiven auseinanderzusetzen. Denn es liegt ja in der Eigenart der sinnsuchenden Motive (sicher auch anderer Motive), daß sie sich auch heimlich und versteckt über pädagogische Ziele und Methoden durchzusetzen versuchen, und es wäre leichtsinnig, zu glauben, daß sie sich nicht auch über Verträge mehr heimlich als offen einschleichen könnten (mit wem bin ich bereit, welche Verträge auszuhandeln?). Dieses Problem dingfest, bewußt und greifbar zu machen, damit ein dauerndes »Sich-damit-befassen« herauszufordern, darin liegt ein gewichtiger Vorzug dieses Konzepts.

Die gegenüber dem bisherigen Glauben, eigene Bedürfnisse heraushalten zu können oder verstecken zu müssen, eher paradox erscheinende Tatsache, daß das offene Einbringen der eigenen Bedürfnisse und Motive in die »Verhandlungen« und das evtl. notwendige offene Heraushalten aus dem »pädagogischen Handeln« gerade dazu führt, daß eben diese Bedürfnisse in höherem Maße befriedigt werden, weil die Arbeit überschaubarer, verbindlicher, verläßlicher, also zumindest auf der emotionalen Ebene sinnerfüllter wird, ist nun nicht (nur?) ein neuer »heimlicher Schleichweg« für die Motive; in dieser Weise einbezogen nützen sie ebenso den Jugendlichen. An der neuen Rolle, nämlich nicht mehr Erziehungsobjekt, sondern Verhandlungs- und Vertragspartner zu sein, der in diesen Verhandlungen eigene Positionen finden und der einen seine Fähigkeiten herausfordernden Beitrag leisten muß, können Jugendliche in ganz anderer Weise sich erproben und wachsen als an den verschwommenen und nur angedeuteten Aufforderungen, doch endlich politisch, konstruktiv und kritisch zu sein.

Das zweite Mißverständnis besteht in der Hoffnung, daß durch das »Arbeiten mit Verträgen« die Arbeit im Jugendhaus plötzlich leichter, erträglicher, nicht mehr so belastend und in dauernder Unzufriedenheit verläuft. Auch diese Hoffnung wäre, zumindest, wenn sie so pauschal an dieses Konzept herangetragen würde, fatal, würde nur neue Enttäuschung, Resignation und vielleicht Zynismus hervorrufen. Denn von den Bedingungen, die offene Jugendarbeit so schwierig machen, bleiben die meisten zunächst völlig unberührt und damit weiter wirksam. Was aber erreicht werden kann, ist ein gewisser Abbau der beschriebenen Diffusität und Unverbindlichkeit. Indem die Positionen vertreten und gegeneinandergestellt werden, indem Gemeinsamkeiten entdeckt und Gegensätze festgestellt werden, wird für beide Seiten – Mitarbeiter wie Jugendliche – das Durcheinander durchschaubarer, werden die Beziehungen klarer, erhöht sich die Verbindlichkeit über das, was jeder zu tun hat, können Vertrauen und Verläßlichkeit sich entwickeln.

Es ist dies etwas, was zumindest in die Richtung geht, was als Schritt verstanden werden kann auf dem Weg hin zu dem, was *Lefèbvre* unter der Kritik des Alltagslebens versteht: Konfusionen zutage fördern und zur Sprache bringen, latente Konflikte aus ihrer Latenz hervortreiben, Zweideutigkeiten unerträglich zu machen.

In diesem Zusammenhang wird jedoch auch deutlich, daß »Arbeiten mit Verträgen« nicht nur heißt: Verträge abschließen. Es wäre schlecht, wenn das bisher Gesagte in dieser Weise zu verstehen war. Wichtig ist der Weg hin zu so etwas wie Verträgen, der Prozeß, der zwar die Orientierung am Ziel mit einschließt, in dem aber das Aufklären der Vorbedingungen das Eigentliche ist. »Erarbeiten von Vertragsgrundlagen« wäre vielleicht der genauere Begriff. In diesem Prozeß liegt etwas, was die Zweideutigkeiten des Alltags zwar nicht aufheben kann, was aber den Alltag strukturiert und, eben an Stelle von Bürokratie, eine menschlichere Form sein kann, Einheit und Sinn zu stiften.

Was bedeutet dies nun für die Hoffnung, daß Jugendarbeit damit erträglicher und nicht mehr so belastend sein wird, wie sie es aufgrund der Diskrepanz zwischen heimlichen Erwartungen und harter Realität war. Sie wird sicher nicht weniger belastend, aber vielleicht anders – qualitativ anders – belastend. Denn das »Sich-zeigen-als-Mensch«, das oft sehr harte Aushandeln von Positionen und Beziehungen, das immer wieder Bestehen auf Klärung, Abgrenzung, das »Sich-halten« an Abmachungen erfordert innerhalb der Bedingungen des Jugendhausalltags eine enorme Kraft, ein zähes Durchhaltevermögen, einen gesunden Optimismus, eine Unempfindlichkeit – nicht Unsensibilität – gegenüber Rückschlägen und gegenüber Isolationsdrohungen! Und es erfordert den Willen und den Mut, gewohnte, zwar auch nichtbefriedigende, aber immerhin eine gewisse Sicherheit gebende Strategien und Verhaltensweisen aufzugeben und sich dem Wagnis und der Unsicherheit auszusetzen, neue, noch »unerfahrene« auszuprobieren. Letzten Endes aber scheint mir diese Belastung befriedigender zu sein als das ewige »Herumflippen« zwischen eigenen und fremden Ansprüchen und Hoffnungen, den Zwängen des Alltags und dem Gefühl, nichts richtig zu machen, am falschen Platz zu stehen (zu schwanken) oder zwischen allen Stühlen zu sitzen und alldem nicht »standzuhalten« sondern zu »flüchten«.

Auf ein Problem möchte ich noch kurz hinweisen, das mir noch in keiner Weise einer Lösung nähergekommen zu sein scheint, aber von großer Bedeutung ist: daß es nämlich kein Konzept gibt, mit dessen Hilfe die »winzigen Pflänzchen« *(B. Müller)*, also die kaum wahrnehmbaren Ansatzpunkte, an denen die Mauer, die der im dritten Kapitel beschriebene »Blockierungszusammenhang« aufbaut, angekratzt werden kann, greifbar gemacht werden können. Nach den bisherigen Erfahrungen sind diese Ansatzpunkte am ehesten dort zu finden, wo die Befriedigung »existentieller« Bedürfnisse (z. B. Diskothek fällt aus, kein Getränkeverkauf usw.) in Frage gestellt wird. Dies geht in eine ähnliche Richtung wie die Beobachtung, daß die Bereitschaft, Verträge auszuhandeln und einzugehen, wächst, wenn eine Bedrohung in Form von psychischem Leidensdruck oder institutioneller Repression vorhanden ist.

Damit wird aber andere Gefahr akut, nämlich diese Art von Bedrohungen bewußt herbeizuführen, um auch »vertraglich« mit den Jugendlichen arbeiten zu können, die vom kritischen Anspruch der Theorie her die eigentliche Zielgruppe sein sollten. Welche Barrieren gegen diesen Machtmißbrauch – der oft sehr nahe liegt – im Konzept liegen bzw. eingebaut werden könnten, wie also sichergestellt werden kann, daß solche Bedrohungen der »existentiellen« Bedürfnisse der Jugendlichen nur auf wirklichen, real vorhandenen Interessengegensätzen zwischen ihnen und den Sozialarbeitern entstehen dürfen, dazu bedarf es noch eingehender Überlegungen.

Burkhard Müller/Friedrich Ortmann

An wessen Bedürfnissen orientiert sich Jugendarbeit?

1. Das Problem

Die Forderung, daß die Jugendarbeit »an den Bedürfnissen der Jugendlichen ansetzen« müsse, ist so alt wie die Jugendarbeit bzw. die Jugendpflege selbst (vgl. dazu den nächsten Abschnitt). Daß eine solche Forderung erhoben wurde, hatte seinen Grund ursprünglich darin, daß Jugendarbeit – im Unterschied zum schulischen oder auch fürsorgerischen Erziehungszwang – immer die freiwillige Teilnahme der Jugendlichen voraussetzte, so daß die Jugendlichen überhaupt nur erreicht werden konnten, wenn sie die Jugendarbeit interessant fanden, wenn also auf ihre Bedürfnisse, Wünsche etc. eingegangen wurde. Nun war aber die Jugendarbeit von ihrem Beginn an nicht Selbstzweck, sondern hatte die Aufgabe, die Jugendlichen entsprechend gesellschaftlicher Zielvorstellungen über das »Wohl« der Jugend zu erziehen. Das aber war gleichbedeutend damit, daß Ziele der Jugendarbeit und Bedürfnisse der Jugendlichen zueinander in Widerspruch geraten konnten. Um diesem Dilemma zu entgehen, wurden die Bedürfnisse in »gute« und »schlechte« aufgeteilt; die einen waren förderungswürdig, die anderen mußten korrigiert, verändert oder gegebenenfalls auch unterdrückt werden.
Damit wurde bereits mit dem Beginn der Jugendpflege ein Problem beschrieben, das u. E. – wenn auch in einer veränderten Form – noch heute für die Jugendarbeit von Bedeutung ist. Auch heute wird vielfach, wenn von »den Bedürfnissen der Jugendlichen« die Rede ist, zwischen »echten« und »falschen« oder zwischen »subjektiven« und »objektiven« Bedürfnissen unterschieden, wobei die einen positiv, die anderen negativ bewertet werden. Diese Unterscheidung scheint uns zu einfach, denn gerade die »Undurchdringlichkeit von echtem und falschem Bedürfnis gehört wesentlich zu der Klassenherrschaft« (*Adorno*, 1942, S. 394).
Wir wollen deshalb im folgenden den Versuch unternehmen, nachdem wir an einigen Beispielen aus der Geschichte der Jugendpflege das Problem noch verdeutlicht haben, einige Thesen über den Zusammenhang von Lebenssituation und Bedürfnis zu formulieren. Daran anschließend wollen wir verdeutlichen, in welcher Weise es möglich sein kann, die Bedürfnisse anderer zu erkennen, wie diese Erkenntnis in Jugendarbeit transformiert werden kann, welche Wertsetzungen in einen solchen Pro-

zeß eingehen müssen und welche Bedeutung Theorie für praktische Tätigkeit in diesem Zusammenhang gewinnt.

2. Zur Geschichte des Bedürfnisproblems in der Jugendarbeit

Jugendpflege und Jugendarbeit – die Begriffe werden hier gleichbedeutend verwendet – ist nach einer Definition von *H. Siercks* (1913) »alle auf freiwilliger Beteiligung beruhende Tätigkeit zum Wohle der schulentlassenen Jugend« (S. 8). In der Anlage zum berühmten »Gründungserlaß« der staatlich geförderten Jugendpflege von 1911 wird Jugendpflege inhaltlich in doppelter Weise bestimmt: »Die Besonderheit der Pflege für die schulentlassene Jugend wird einerseits durch das zu erreichende *Ziel*, andererseits durch sorgsame Berücksichtigung der *Eigenart*, der *Bedürfnisse* und der jeweils besonderen *Verhältnisse* der heranwachsenden Jugend bestimmt. Von wesentlichem Einfluß auf die Wahl der Mittel ist der Umstand, daß *Zwang* für die Teilnahme an den Veranstaltungen *nicht möglich* ist« (*Panter*, 1965, S. 26; Hervorh. B. M; F. O.).
Die jeweilige inhaltliche Bestimmtheit der Jugendarbeit ergibt sich also einerseits aus einer Zieldimension, welche mit den Wertvorstellungen der Jugendpolitiker, Pädagogen und Mitarbeiter gefüllt ist, die Jugendarbeit »machen«. Der genannte Erlaß z. B. formuliert diese Zieldimension so: »Aufgabe der Jugendpflege ist die Mitarbeit an der Heranbildung einer frohen, körperlich leistungsfähigen, sittlich tüchtigen, von Gemeinsinn und Gottesfurcht, Heimat- und Vaterlandsliebe erfüllten Jugend« (a. a. O., S. 26). Es bedarf keines Beweises, daß sich diese inhaltliche Füllung – zumindest in den Formulierungen – geändert hat. Aber ebenso evident ist, daß auch heutige Jugendarbeit und ihre Theorie ohne eine solche wertsetzende Zieldimension nicht auskommen kann, gleichgültig ob sie das eingesteht oder nicht, gleichgültig, ob sie diese Dimension als »Aufklärung« (*Kentler*), als »Stilbildung« (*Müller*), als »Entwicklung klassenadäquaten Verhaltens« (*Damm*) oder sonstwie progressiv, konservativ oder antikapitalistisch formuliert.
Jugendarbeit ist andererseits inhaltlich durch die Bedürfnisse der Jugendlichen bestimmt, und diese Bedürfnisse ergeben sich ihrerseits sowohl aus der »Eigenart« der Jugendlichen (biologischen, psychologischen, biographischen u. a. Faktoren) als auch aus den »jeweils besonderen Verhältnissen« in denen die Jugendlichen leben.
Das Verständnis von und die Art der Anknüpfung an diese Bedürfnisse in der Jugendarbeit sind aber selbst nicht wertneutral, sondern von den genannten Wertvorstellungen implizit geleitet. Auch dies macht das zi-

tierte Dokument in wünschenswerter Klarheit deutlich: »Junge Leute, die Tag für Tag in anstrengender Arbeit stehen, haben für ihre Freizeit das naturgemäße Verlangen nach Unterhaltung und Freude. Der der heranwachsenden Jugend ohnehin eigentümliche Freiheitsdrang läßt den Wunsch nach Selbstbestimmung in der Freizeit besonders stark hervortreten. Vielfach zeigt sich als Rückwirkung des Zwanges, den ihnen die Arbeit tagsüber auferlegt hat, am Feierabend die Neigung, sich in ungebundener Weise zu ergehen. Die Art der Arbeit, bei der viele oft nur ein ganz kurzes Stück des Weges vom Rohmaterial zum fertigen Erzeugnis überschauen, erschwert häufig das Aufkommen der rechten Freudigkeit an der Arbeit. Dadurch trägt sie neben anderen Umständen, insonderheit der häufig vorhandenen Abgeschlossenheit von der freien Gottesnatur, nicht selten dazu bei, daß das Gemüt der jungen Leute verarmt ... Zur Befriedigung des bei der großen Mehrzahl vorhandenen Hungers nach geistiger Anregung fehlt es oft an gesunder Nahrung, zur Pflege besonderer Neigungen und Anlagen meist an Ort und Gelegenheit. Wahllos greift da der nicht oder schlecht beratene Jugendliche nach jedem Lesestoff und erleidet an Geist und Herz durch schlechte Lektüre oft schweren Schaden. Die Entwicklung anderer wird nachteilig beeinflußt durch den Mangel eines auch nur einigermaßen freundlichen Heimes, die Gefahren des Straßenlebens, durch Langeweile, durch Verführung des Alkohols, durch Entbehrung zweckmäßiger Leibesübungen in freier Luft usw.« (a. a. O., S. 26 f.).

So realistisch, ja aktuell dieser Text in seiner Darstellung der Bedürfnislage von Arbeiterjugendlichen und ihren Bedingungsfaktoren anmutet, so altväterlich-reaktionär klingen in heutigen Ohren die ausdrücklichen und unterschwelligen Wertakzente, die mit dieser Darstellung verknüpft sind. Aktuell erscheint uns aber auch die Art und Weise, in der diese Wertakzente in die Rezeption der Bedürfnisse Jugendlicher selbst eingelagert werden. Diese Rezeption ist offenkundig von folgendem unreflektierten Axiom geleitet:

Im Bedürfnissystem der Jugendlichen gibt es »gute« Elemente, d. h. solche, die dem eigenen Wertmaßstab der Jugendarbeit betreibenden Institutionen und Personen entsprechen und demgemäß als »natürlich«, »gesund«, »rechte Freudigkeit«, »Hunger nach geistiger Nahrung« etc. klassifiziert werden. Es gibt darin auch »schlechte« Elemente, die diesen Werten nicht entsprechen und demgemäß als »schädlich«, »ungesund«, »gemütsverarmend« oder auf »Verführung« beruhend bezeichnet werden. Demnach ist es Aufgabe der Jugendpflege, die guten und gesunden Bedürfnisse zu unterstützen und ihnen Raum und Mittel zur Betätigung zu geben und die schlechten zurückzudrängen, von ihnen abzulenken

oder sie durch bessere Befriedigungsangebote zu neutralisieren.
In den preußischen Texten wird dieses Axiom besonders deutlich, wenn sie auf die Freiwilligkeit, Selbstbestimmung und Selbstverwaltung der Jugendlichen in der Jugendpflege zu sprechen kommen. *Siercks* konstatiert: »Die schulentlassene Jugend kann verlangen, daß man ihr Recht auf Selbstentscheidung respektiert« (a. a. O., S. 41). Er fährt aber in Begründung dieses Satzes fort: »Sie ist kirchlich mündig gesprochen und rechtlich insoweit, daß sie nicht gezwungen werden kann, sich der weiteren Erziehung, wie wir sie unter dem Begriff der Jugendpflege verstehen, zu unterziehen; wenn sie es tut, so tut sie es freiwillig« (ebd.). Das Selbstbestimmungsrecht bezieht sich also zunächst auf die Teilnahme an der Jugendpflege, nicht aber auf die Bestimmung ihrer Inhalte. Darüber hinaus unterstellen die Texte aber den Jugendlichen einen »natürlichen« und aus ihrer Lebenslage verständlichen »Freiheitsdrang« (vgl. *Siercks*, S. 14 f.). Daraus ergeben sich Konsequenzen für die Gestaltung und die Inhalte der Jugendpflege selbst, die für die Verfasser des Erlasses so aussehen: »Zu einer aufbauenden Einwirkung auf die schulentlassene Jugend bedarf es neben der zielbewußten Gewöhnung und Übung vor allem auch der Erweckung eines selbsttätigen Interesses der Jugend für die Zwecke der zu ihren Gunsten getroffenen Veranstaltungen (sic!), bedarf es mannigfacher Gelegenheit zu eigener, tunlichst selbständiger Betätigung innerhalb und zum Besten der Jugendvereinigung. Demgemäß empfiehlt es sich, der Jugend möglichst weitgehenden Anteil an der Leitung der Vereine zu geben und ihr allerlei Ämter im Vereinsleben zu übertragen.«
Siercks zitiert diese Passage zustimmend und fügt hinzu: »Bedeutsam wird diese Selbstbetätigung und Selbstverwaltung innerhalb der Jugendvereinigungen auch dadurch, daß der Drang der Jugend nach Betätigung und nach Selbständigkeit hierin seine Befriedigung, zugleich aber auch sein richtiges Korrektiv findet, insofern hier jeder genötigt ist, unter Verzicht auf seine individuellen Ansprüche *einem Ganzen zu dienen«* (a. a. O., S. 43 f.; Hervorh. im Orig.).
Dasselbe Recht der Jugend auf ›Selbstentscheidung‹ liefert nach *Siercks* auch den Grund, daß Jugendpflege »keinen parteipolitischen Charakter tragen darf« (a. a. O., S. 41) – gemeint ist offenkundig: keinen sozialdemokratischen Charakter – denn: ». . . es ist eben durchaus unpädagogisch, der Jugend die Selbstentscheidung über die wichtigsten Fragen des Lebens vorwegzunehmen und sie mit einer Parteibrille in die Welt zu schicken. ›Die Jugend muß unter kundiger Leitung erst lernen, suchen, streben‹, um bei genügender Reife sich selbst zu entscheiden, wie es dem innersten Kern ihres Wesens entspricht . . .« (Ebd.)

Diese Zitate sprechen für sich, d. h. es bedarf keines weiteren Nachweises, daß dieses Konzept Bedürfnisse und Eigenaktivitäten von Jugendlichen zwar aufgreift – und aufgrund der Freiwilligkeit der Arbeit auch aufzugreifen gezwungen ist – zugleich aber im Sinn vorgegebener moralisch-politischer Wertentscheidungen, die als solche nicht zur Diskussion stehen, interpretiert, korrigiert und in Dienst zu nehmen sucht.

Uns scheint nun interessant zu sein, daß die heutige »bedürfnisorientierte Jugendarbeit«, wie sie z. B. *D. Damm* vertritt, mit einem ganz ähnlichen Axiom operiert, wenn auch unter gänzlich anderen Wertprämissen (vgl. *Damm*, 1975) [1].

Damm, der hier als Beispiel für eine breitere Tendenz steht, argumentiert folgendermaßen. Mit Hilfe *Erich Fromm*scher Kategorien benennt er »existentielle Bestimmungsfaktoren der Bedürfnisse« Jugendlicher (a. a. O., S. 50), die er als »Bedürfniskomponenten« (S. 52 ff.) faßt. Dazu gehören: »Das Bestreben, etwas zu bewirken«, »Das Bedürfnis nach Orientierung«, »Das Bedürfnis nach sozialer Anerkennung« u. a. (a. a. O.). Es mag dahingestellt sein, ob es sich dabei, wie *Damm* mit *Fromm* behauptet, um anthropologisch fundierte allgemeingültige Bedürfniskomponenten handelt, oder ob *A. Heller* recht hat, die in ihrer Kritik an Fromms Konzept diese Bedürfniselemente als spezifische Produkte unserer historisch gegebenen Gesellschaftsformation interpretiert (vgl. *Heller*, 1977, S. 43 ff.).

Unbestritten sei, daß diese »Bedürfniskomponenten«, so *Damm*, heuristisch brauchbare Abstraktionen zur Erfassung realer Bedürfnisse heutiger Jugendlicher darstellen (vgl. dazu Abschnitt 4).

Zu Recht stellt er weiter fest (S. 73 ff.), daß die »tradionelle Jugendarbeit« immer auch diese realen Bedürfnisse Jugendlicher berücksichtigt, wenn auch zugleich verkürzt und umfunktioniert habe – und darauf allein ihre Wirksamkeit beruhe. Er folgert daraus, daß emanzipatorische Bildungsarbeit, die der traditionellen Jugendarbeit Paroli bieten will, eben dieselben Bedürfniskomponenten aufgreifen müsse, freilich nicht, um sie ihrerseits zu verkürzen und zu funktionalisieren, sondern im Gegenteil, um sie unverkürzt zum Zuge zu bringen.

An dieser Stelle kreuzt diesen Gedankenfaden ein anderer, der damit nicht

1 Um Mißverständnissen vorzubeugen, sei betont: Wir beabsichtigen mit dieser folgenden Kritik keineswegs, die Überlegungen *Diethelm Damms* mit der preußischen Jugendarbeit à la *Siercks* politisch auf eine Stufe zu stellen. Vielmehr läßt sich das Problem, auf das wir hier eingehen wollen, in der Auseinandersetzung mit Damm besonders gut herausarbeiten, weil es ihm durch sein Insistieren auf dem Bedürfnisproblem gelungen ist, die Diskussion über die »politische Jugendarbeit« aus der rationalistischen Verflachung zu ziehen, in der sie zu versanden drohte. In dieser Intention ebenso wie in den politischen Zielsetzungen glauben wir mit Damm weitgehend einig zu sein.

in logischen Einklang zu bringen ist; nämlich der von *W. Reich* (1934) übernommene Gedanke, es sei im Bewußtsein der Arbeiterklasse zwischen reaktionären und progressiven Elementen zu unterscheiden und die pädagogisch-politische Aufgabe bestehe darin, die reaktionären Elemente zu verarbeiten und die progressiven zu stabilisieren und handlungswirksam zu machen. Nach diesem Gedankenfaden, der ebenfalls das ganze Buch durchzieht, liegt der Unterschied zwischen traditioneller und emanzipatorischer Jugendarbeit nicht darin, daß die eine die vorgefundenen Bedürfnisse Jugendlicher zwar berücksichtigt, zugleich aber umbiegt und verkürzt, während die andere ihre ungehinderte Entfaltung unterstützt. Vielmehr liegt der Unterschied in den verschiedenen Wertstandpunkten, nach denen die vorgefundenen Bedürfniselemente in besser/schlechter, konservativ/progressiv etc. geschieden und entsprechend verändert werden sollen.

Dieser unterscheidende Wertstandpunkt ist aber, wie *Damm* selbst betont (S. 41 f.), nicht aus den subjektiven und empirisch feststellbaren Bedürfnissen der Jugendlichen unmittelbar zu gewinnen, was auch logisch unsinnig wäre, denn er soll ja gerade diese subjektiven Bedürfnisse in »konservative« und »progressive« unterscheiden helfen. Vielmehr soll sich emanzipatorische Pädagogik nach *Damm* orientieren sowohl an dem, »was der Jugendliche in der Freizeitsituation denkt, fühlt und wünscht«, als auch daran, »welche objektiven gesellschaftlichen Faktoren und Erfahrungen dieses Fühlen, Denken und Wünschen beeinflussen«, schließlich und vor allem an der »Kenntnis des Zusammenhangs zwischen den subjektiven und objektiven Interessen der Jugendlichen« (a. a. O., S. 43 f.). Derjenige, der diese Kenntnisse erwerben, diesen Zusammenhang analysieren und danach seine »Strategie« ausrichten soll, ist aber kein anderer als der Pädagoge. Wie er Denken, Fühlen und Wünschen der Jugendlichen erfaßt, wie er die objektiven gesellschaftlichen Faktoren, die es beeinflussen, wertet, davon hängt ab, was als »konservatives« und was als »progressives« Bedürfniselement zu gelten hat. Damm schreibt in einer Zusammenfassung seines Ansatzes: »Für eine Strategie emanzipatorischer politischer Bildungsarbeit ist festzuhalten:

- sie muß an den progressiven Bewußtseins- und Verhaltenselementen anknüpfen und unter Aufarbeitung und Abarbeitung der konservativen Elemente die progressiven so stabilisieren, daß ein klassenadäquates Verhalten ermöglicht wird;
- sie wird Emanzipation in einem Prozeß stabilisieren müssen, der die Motivationen, Konflikte und Bedürfnisse der Individuen ernst nimmt und jenseits autoritär-dogmatischer oder Laissez-faire-Methoden und -Organisationsformen solidarische Orientierungshilfe bietet;

- sie muß die Individuen zur stetigen klassenadäquaten Verarbeitung ihrer sozialen Erfahrungen motivieren und befähigen, wozu die solidarische Praxis in politischen Gruppen eine wesentliche Voraussetzung darstellt;
- sie darf zu keiner Zeit sich konservativer Inhalte oder Methoden bedienen, da diese in den Individuen die eigenen konservativen Elemente verstärken und langfristig jeden Emanzipationsprozeß blockieren.« (A. a. O., S. 162 f.)

Würde man, gewissermaßen zur Probe, die Wertbegriffe *Damms* wie »progressiv«, »klassenadäquat«, »solidarisch«, etc. auf der positiven und »konservativ«, »autoritär« etc. auf der negativen Seite durch die wertenden Begriffe der preußischen Jugendpflege (»natürlich«, »gesund«, »geistig anregend«, etc. versus »ungesund«, »gemütsverarmend«, »sittlich schädigend« etc.) ersetzen, so wäre der Unterschied zwischen beiden gleich Null.

Lore Gerhard merkt zu dem eben zitierten Abschnitt an: »Die Strategie ›muß‹, sie ›wird‹, sie ›darf nicht‹! Es ist ein rauher emanzipatorischer Wind, der hier weht, voller Verbote und Gebote. Wenn man mal ›darf‹ (etwa im Rollenspiel die böse Gegenseite mimen), dann nur zum Zwecke, daß ... Was heißt das für den Pädagogen? Setzen wir ihn in den vorher zitierten ›Strategiesätzen‹ anstelle der Worte ›die Strategie‹ als grammatikalisches Subjekt ein, dann ›muß, darf nicht und wird‹ eben der Pädagoge« (*Gerhard*, 1979, S. 74).

Der Pädagoge ist mit solcher Selbstverständlichkeit als handelndes Subjekt einer »Strategie emanzipatorischer politischer Bildungsarbeit« gedacht, daß er als besonderes Subjekt gar nicht mehr erwähnt zu werden braucht. »Die Strategie«, die sich aus dem Zusammenhang zwischen subjektiven und objektiven Interessen der Jugendlichen scheinbar zwangsläufig ergibt, tritt an seine Stelle, der Pädagoge wird ihr ausführendes Organ. Die interpretierende und wertende Rolle des Pädagogen bleibt dabei verdeckt und damit auch die mögliche Differenz zwischen seinen Sichtweisen und Interessen und deren »objektiven Bedingungen« und denen der Jugendlichen.

Eben mit der scheinbaren völligen Unterordnung des Pädagogen unter die »wahren«, »eigentlichen« Bedürfnisse der Jugendlichen macht *Damm* – ohne Zweifel gegen seine Intention – den Pädagogen zum Strategen des Emanzipationsprozesses, die Jugendlichen zu Behandlungsobjekten, besserenfalls zu Mitspielern.

Ohne Zweifel gegen seine Intention! Denn die Pädagogen *sollen* gerade nicht die Hauptakteure oder Leiter sein. »Vielmehr *sollten* sie sich ›solidarisch in den Handlungszusammenhang der Jugendlichen‹ einordnen und

gemeinsam mit ihnen deren Interessen durchsetzen« (a. a. O., S. 217; Hervorh. B. M./F. O.). Damm zitiert in diesem Zusammenhang zustimmend »Liebels Handlungskonzept für sozialistische Pädagogen«, dessen Kerngedanke darin bestehe, »daß die Jugendlichen nicht Objekt des Pädagogen sind, an denen und mit deren Hilfe dieser selbstgestellte und wie immer legitimierte Ziele erreichen will, sondern daß der Pädagoge gemeinsam mit den Jugendlichen Zielsetzungen verfolgt, die sich aus der Lebenslage und den Erfahrungszusammenhängen der Jugendlichen entwickeln und von diesen in Ansätzen selbst artikuliert werden. Mit anderen Worten: Sozialistische Pädagogen ›bearbeiten‹ nicht den Jugendlichen, sondern beteiligen sich an einem Veränderungs- und Selbstveränderungsprozeß, der sich aus der gemeinsamen ›Bearbeitung‹ eines ›Objekts‹ *außerhalb* der Beziehung zwischen Arbeiterjugendlichen und Pädagogen ergibt« (*Lessing/Liebel*, 1974, S. 249; zit. bei *Damm*, 1975, S. 218).
Der Intention nach ist das in der Tat eine Alternative zum herkömmlichen Umgang mit den Bedürfnissen Jugendlicher, in denen diese nur als Anknüpfungspunkte für pädagogische Strategien linker oder rechter Couleur (vgl. *Liebel*, a. a. O., S. 242 ff.) ernst genommen werden, nicht aber als selbstgesetzte Handlungsziele, die keiner pädagogischen Legitimation bedürfen. Die Frage ist nur, ob sich nicht mit dem geforderten Verzicht auf »selbstgestellte und wie immer legitimierte Ziele« des Pädagogen, dessen Alleinherrschaft hinterrücks nur um so konsequenter durchsetzt. Natürlich hat auch der »sozialistische Pädagoge« »selbstgestellte Ziele« gegenüber den Jugendlichen, anders müßte er sich selbst aufgeben, und die Jugendlichen wissen das meist auch sehr genau!
Die Frage ist nur, welche Ziele das sind und wie diese zu den selbstgesetzten Zielen und Bedürfnissen der Jugendlichen in Beziehung treten. Die alternative Formel: nicht den Jugendlichen »bearbeiten«, sondern »gemeinsame ›Bearbeitung‹ eines ›Objekts‹ außerhalb der Beziehung zwischen Arbeiterjugendlichen und Pädagogen« ist irreführend. Denn sie setzt die Kernfrage der ganzen Bedürfnisdiskussion als bereits beantwortet voraus: nämlich die Frage, was dieses Objekt der gemeinsamen Bearbeitung denn sein solle und wie eine Einigung über gemeinsame Ziele beider Seiten zustande kommt (vgl. B. *Müller*, 1977). Ehe nicht diese Fragen beantwortet sind, bleibt der Verdacht: Die Gemeinsamkeit zwischen der preußischen Jugendpflege und der heutigen »bedürfnisorientierten Jugendarbeit« besteht – unbeschadet aller sonstigen Differenzen – darin, daß sie unterstellen, die in die Jugendarbeit eingebrachten Wertvorstellungen seien eigentlich gar nicht von außen gesetzt, sondern aus dem Bedürfnissystem der Jugendlichen selbst ableitbar, sofern dieses der Deformationen entkleidet wird (vgl. *Damm*, S. 148), welche durch die

gesellschaftlichen Verhältnisse entstehen, denen die Jugendlichen ausgesetzt sind. Damm ist in dieser Orientierung insofern konsequenter, als er seinen Zielkatalog ausdrücklich aus anthropologisch begründeten, den Jugendlichen wesensmäßig innewohnenden Bedürfniskonstanten abzuleiten sucht (vgl. *Damm*, bes. Kap. 2), während *H. Siercks* (vgl. a. a. O., S. 26 ff.) offenbar davon ausgeht, daß die Ziele der Jugendpflege auch unabhängig von den Bedürfnissen der Jugendlichen aus gesellschaftlichen Interessen (Siercks nennt u. a. kriminalpräventive, ökonomische und national-politische Interessen; ebd.) legitimierbar seien. Aber auch er würde, genau wie das preußische Kultusministerium, ohne Zweifel zustimmen, wenn man unterstellt, sie gingen davon aus, daß keinerlei Differenz besteht zwischen dem, was sie sich als Ziele der Jugendarbeit vorstellen, und dem, was als legitimes und gesundes (und auch anthropologisch begründbares) Bedürfnis der Jugendlichen betrachtet werden kann.

Dies ist der Punkt, auf den es hier ankommt: nämlich die Unterstellung einer grundsätzlich existierenden Identität zwischen den (wohlverstandenen) Bedürfnissen der Jugendlichen und den Zielen der Jugendarbeit, die von den Institutionen der Jugendarbeit gesetzt werden und auch den Interessen und Bedürfnissen der Pädagogen, die in der Jugendarbeit tätig sind, nicht widersprechen. Eine solche unterstellte Identität der Ziele aufgrund gleicher Bedürfnisse und Interessen erübrigt die Reflexion auf mögliche Differenzen zwischen den Werten und Bedürfnissen beider Seiten. Denn die Frage ist nur noch, wie die Jugendlichen das je nach Couleur des Pädagogen in ihnen vermutete emanzipatorische, klassenbewußte oder sittliche Potential entfalten können und wie ihnen die Pädagogen dabei helfen können. Es erübrigt sich auch, die Bedürfnisse und Werte der Pädagogen als solche zu thematisieren und in Frage zu stellen, ebenso wie die Reflexion über die Bedingungen möglicher Einigungsprozesse zwischen beiden Seiten entfällt.

An dieser Stelle sehen wir die Gefahr, die in einem unzureichend reflektierten Gerede von einer Jugendarbeit, die an den Bedürfnissen der Jugendlichen anknüpft, steckt. Wir halten es deshalb für erforderlich, den Versuch zu unternehmen, die Entstehung von Bedürfnissen und ihre gesellschaftliche Bedingtheit ein wenig genauer zu analysieren, um zu verdeutlichen, inwieweit Bedürfnis als ein »objektiver« Tatbestand begriffen werden kann und inwieweit es immer der Interpretation und der Wertsetzung bedarf, damit Bedürfnisse zu Handlungszielen der Jugendarbeit transformiert werden können.

Angemerkt sei hier noch, daß wir im folgenden versuchen wollen, auch unseren Sprachgebrauch entsprechend zu differenzieren: Unter Jugendarbeit verstehen wir die Tätigkeiten derer, die »Jugendarbeit machen«, nicht aber die darauf bezogenen Aktivitäten der Jugendlichen selbst. »Jugendarbeit« bezeichnet also eine haupt-, neben- oder ehrenamtlich ausgeübte pädagogische Tätigkeit. Ihr handelndes Subjekt ist der/die Jugendarbeiter(in). Einem normalen Jugendhausbesucher käme es nie in den Sinn, das, was er dort tut, als »Jugendarbeit« zu bezeichnen; zu Recht, denn er arbeitet dort ja nicht, er verbringt seine Freizeit. Der übliche unreflektierte Sprachgebrauch, alles, was in Jugendhäusern u. ä. geschieht, als Jugendarbeit zu bezeichnen, ist ein Ausdruck der unterstellten Zielidentität von Jugendarbeitern und Jugendlichen, die wir hier in Frage stellen.

3. Einige Thesen über Bedürfnisentwicklungen

Im folgenden soll der Versuch gemacht werden, die Entstehung und Entwicklung von Bedürfnissen in einer Gesellschaft in thesenhafter Form darzustellen; eine solche Darstellung soll dann die Grundlage bilden für die Analyse der Bedürfnisse von Jugendlichen und von Sozialarbeitern, die in der »Jugendarbeit« zusammentreffen.

Wir gehen bei diesen Überlegungen von zwei Annahmen aus, die ihre Berechtigung im Verlauf unserer Untersuchung erweisen müssen, nämlich

a) daß Bedürfnis ein gesellschaftliches Phänomen beschreibt, daß also Bedürfnisse nicht naturgegeben sind, sondern sich im Verlaufe der gesellschaftlichen Entwicklung verändern (vgl. *Lefèbvre*, 1975, S. 16); diese Feststellung gilt selbst für »die zur Erhaltung des Menschen als Naturwesen notwendigen Bedürfnisse« (*Heller*, 1976, S. 32) [1];
b) daß die Gliederung der Gesellschaft in Klassen und Schichten zur Folge hat, daß die Bedürfnisentwicklung nicht für alle Angehörigen der Gesellschaft in gleicher Weise verläuft, sondern daß die Bedürfnisse sich je nach der Lebenslage der Gesellschaftsangehörigen und darüber hinaus auch individuell unterschiedlich herausbilden können. (Es sei bereits hier darauf hingewiesen, daß wir deshalb glauben, daß eine Abstraktion wie »die Jugendlichen« für die Analyse der Bedürfnisse in der Jugendarbeit unbrauchbar – weil zu undifferenziert – ist).

Zur Analyse der Entwicklung der Bedürfnisse ist es erforderlich, sich der Struktur der Gesellschaft und ihrer Veränderung bewußt zu sein, wenn

1 Dieser Tatbestand wird besonders an den vermeintlich unveränderlichen Bedürfnissen nach Nahrung, Kleidung u. ä. deutlich, die sich bereits aufgrund der biologischen Konstitution des Menschen ergeben. Aber auch diese Bedürfnisse haben sich mit der Entwicklung der Gesellschaft verändert, differenziert und eine je besondere Ausprägung gewonnen (vgl. *Marx*, Grundrisse, S. 13 f.).

Bedürfnis als gesellschaftswissenschaftliche Kategorie verstanden wird. In der heutigen arbeitsteilig organisierten Gesellschaft kann nicht davon ausgegangen werden, daß jedes Mitglied einer Gesellschaft, das sich in einer bestimmten Lebenssituation eines Mangels bewußt wird, auch augenblicklich versuchen kann, diesen Mangel zu beheben. Vielmehr hat die arbeitsteilige Organisation der Produktionsprozesse zur Folge, daß die Befriedigung eines bewußt gewordenen Mangels – eben eines *Bedürfnisses* (vgl. *Sartre*, 1967, S. 84) – nur durch das Endprodukt eines Produktionsprozesses ermöglicht wird, an dem das Individuum, das ein Bedürfnis verspürt, in der Regel nicht beteiligt ist und den es auch nicht beeinflussen kann.

Über den Zusammenhang zwischen den Bedürfnissen und den Mitteln zur Bedürfnisbefriedigung läßt sich auf einer »fiktiven Abstraktionsstufe« (*Sartre*) folgendes festhalten: »An sich selbst betrachtet hat ein Individuum in der einfachen, freien Tätigkeit Bedürfnisse und Begierden, es ist Plan, realisiert Ziele durch seine Arbeit ... die Zwecke erschließen sich seiner Praxis ... spontan als Ziele oder Aufgaben, die erreicht oder erfüllt werden *müssen*, ohne daß irgendeine Rückwendung zu sich selbst diese Aufgaben und Ziele auf subjektive Absichten bezieht« (*Sartre*, 1967, S. 209). Das bedeutet, daß die Bedürfnisse des freien, seine Tätigkeit selbst bestimmenden Individuums naturwüchsig zu seiner Praxis führen, in der Ziele und ausführende Tätigkeiten untrennbar enthalten sind. In einer Gesellschaft aber, in der die Bestimmung des Ziels und des Inhalts der menschlichen Produktion nicht mehr in der Hand derjenigen liegt, die die Produktion durchführen, ist diese Einheit von Bedürfnissen, die unreflektiert und spontan zu Zwecken der praktischen Tätigkeit werden, und der Produktion von Gütern nicht mehr gegeben. Vielmehr sind es jetzt die entfremdeten Motivationen der Kapitalisten (vgl. *Heller*, 1976, S. 65 f.), die mit dem Ziel der Profitmaximierung den Produktionsprozeß steuern.

Wenn aber die Verbindung zwischen Bedürfnis und Produktion für das Individuum nicht mehr existiert, wenn vielmehr das Individuum unabhängig von seinen konkreten Bedürfnissen produziert, so wird auch durch die eigene Produktion nicht mehr das eigene Bedürfnis befriedigt. In diesem Fall gilt der Satz »Die Gegenstände ›bringen‹ die Bedürfnisse ›zustande‹ und umgekehrt, die Bedürfnisse die Gegenstände« (*Heller*, 1976, S. 43), nicht mehr. Die Arbeit, die zunächst gerade dazu dient, die einfachen Bedürfnisse zu befriedigen, dann aber die Voraussetzung dafür ist, daß aufgrund der Lernprozesse in der Produktion die Befriedigung vorhandener Bedürfnisse vereinfacht wird und damit auch andere, differenziertere Bedürfnisse befriedigt werden können, wird in eine organisierende und entwickelnde Tätigkeit einerseits und eine Verrichtung vorge-

schriebener Abläufe andererseits aufgeteilt. Die Mehrheit der lohnabhängig Arbeitenden ist auf solche Verrichtungen beschränkt.
Indem aber die Menschen mehrheitlich die produktiven und kreativen Momente, die in der Arbeit liegen, verlieren, und nicht mehr aus der Produktion eine Entwicklung der Bedürfnisse resultieren kann, wird der Prozeß von: Bedürfnisentstehung – Produktion zum Zwecke der Bedürfnisbefriedigung – Befriedigung der Bedürfnisse – Entstehung neuer Bedürfnisse an mehreren Stellen durchbrochen: Die Bedürfnisse führen nicht mehr unmittelbar zur Produktion von Gütern zu ihrer Befriedigung, und die Produkte, die der arbeitende Mensch erzeugt, befriedigen nicht mehr seine Bedürfnisse.
Wenn aber der dialektische Prozeß, innerhalb dessen eine Bedürfnisbefriedigung zugleich ein neues Bedürfnis entstehen läßt, das dann wiederum Ursache für eine Produktion sein kann, zerstört wird, bleibt dem arbeitenden Menschen nur noch die Möglichkeit, seine Bedürfnisse durch den Kauf von Waren auf dem Markt zu befriedigen. Der damit sich ergebende Prozeß ist ein widersprüchlicher: Einerseits werden, um der Realisierung von Profit willen, immer neue Produkte produziert, die auch in der Lage sind, neue und sich verändernde Bedürfnisse zu befriedigen; andererseits aber erfolgt zugleich auch eine Reduktion der Bedürfnisse, denn es können nur die Bedürfnisse befriedigt werden, für die Waren auf dem Markt erworben werden können. Der Differenzierung der Bedürfnisse entspricht ihre Reduktion auf ökonomische Bedürfnisse [1].
Zugleich wird der Arbeiter zu einem Objekt des Produktionsprozesses, in dem seine Arbeitskraft eingesetzt wird und in dem er entsprechend der maschinellen Ausstattung des Produktionsprozesses zu arbeiten gezwungen ist. Er kann damit nicht mehr die Erfahrung machen, im Produktionsprozeß etwas zu vollbringen. Wird ihm aber diese Erfahrung genommen, so entfällt für den arbeitenden Menschen auch die Möglichkeit, in seinem Werk Befriedigung zu finden (vgl. *Lefèbvre*, 1976, S. 17). Wird er also daran gehindert, seine Fähigkeiten zu nutzen, so kann er in der Arbeit, die er ausführt, keine Befriedigung finden; die Fähigkeiten, die selber Bedürfnisse sind, bleiben unbefriedigt (vgl. *Heller*, 1976, S. 45).
Der einzige verbleibende Zweck der Arbeit ist dann der Lohn, den der Arbeitende für seine Tätigkeit erhält. Denn wenn sich die Bedürfnisse auf ökonomische reduzieren, so ist der Lohn die einzige Möglichkeit, diese

1 Diese Problematik ist in der Jugendhilfe besonders evident, denn der Reduktion der Bedürfnisse entspricht auch eine Reduktion des Angebots. Die Mittel zur Bedürfnisbefriedigung, die angeboten werden, beziehen sich deshalb primär auf den Bereich des »Erwerbbaren« und »Materiellen«, sind aber nicht zugleich auch »ideelle« Vorschläge zur konkreten Arbeit.

Bedürfnisse durch den Kauf von Waren befriedigen zu können. Indem aber allein der Lohn Befriedigungsmöglichkeiten für bestimmte Bedürfnisse eröffnet, kommt es für den arbeitenden Menschen allein darauf an, möglichst hohen Lohn zu erhalten. Das ökonomische Bedürfnis zieht also eine Homogenisierung aller Bedürfnisse auf ein Bedürfnis des Habens nach sich (vgl. *Heller*, 1976, S. 62 f.).
Wenn aber die Bedürfnisse auf ökonomische reduziert sind, so »stumpfen bei all denen, die nicht bezahlen können, die Bedürfnisse ab, werden einfacher, verkümmern. Es kommt so weit, daß der Arbeiter aufhört, die einfachsten, aber auch die für ihn am schwierigsten zu befriedigenden Bedürfnisse zu verspüren: das Verlangen nach Raum, nach reiner und freier Luft, Ruhe und innerer Sammlung« (*Lefèbvre*, 1974, S. 166). Reduktion der Bedürfnisse einerseits und permanente Erfahrung der Tatsache, daß Bedürfnisse nicht befriedigt werden können, lassen diese Bedürfnisse selbst verkümmern oder auch gar nicht erst entstehen, weil – soweit Befriedigungsmöglichkeiten überhaupt unerreichbar sind – es sinnlos erscheint, auf die Befriedigung derartiger Bedürfnisse überhaupt Phantasie und Kreativität zu verschwenden. Die Bedürfnisreduktion schließt also über die Verweigerung der Befriedigungsmöglichkeiten auch eine Verkümmerung der kreativen Möglichkeiten des Arbeitenden ein, für den die Auseinandersetzung über die zur Bedürfnisbefriedigung möglichen Mittel ebenfalls zunehmend unterbleibt, weil er auf die Bereitstellung dieser Mittel und die Art ihrer Ausgestaltung keinen Einfluß nehmen kann. Das aber schließt ein, daß über den Verlust des Bewußtseins von den Befriedigungsmöglichkeiten für die Bedürfnisse auch das Bewußtsein von den eigenen Bedürfnissen zunehmend undifferenziert wird oder auch bei bestimmten Bedürfnissen völlig verschwindet (vgl. *Negt/Kluge*, 1973, S. 67). In diesem Fall kann man feststellen, daß die Bedürfnisse ein wichtiges Element ihrer Eigenschaften, die sie erst zu Bedürfnissen machen, verlieren [1].
Aus diesen Überlegungen folgt, daß die gesellschaftliche Entwicklung die Bedürfnisse in der Weise verändert, daß sie zu ökonomischen Bedürfnissen und zum Bedürfnis des Habens reduziert werden, weil der Arbeits- und Lebensprozeß in der bestehenden Gesellschaft weder die Bedürfnisse nach Nutzung der eigenen Fähigkeiten noch das Bedürfnis nach produkti-

1 Wir unterstellen, daß Bedürfnisse immer bewußt sind. Sie unterscheiden sich dadurch von Wünschen oder Spannungszuständen, die sowohl bezüglich ihrer Richtung als auch ihren Inhalten unbewußt sein können. Daß aber Bedürfnisse hier als immer bewußt angesehen werden, ist nicht gleichbedeutend damit, daß z. B. die Arbeiterjugendlichen immer auch ein »richtiges« Bewußtsein von ihren Bedürfnissen haben. Gerade aufgrund der Entfremdung in dieser Gesellschaft ist das Wissen von den eigenen Bedürfnissen ein »falsches«, das aber dennoch nicht einfach negiert werden kann. Vgl. dazu weiter unten.

ver Tätigkeit zu befriedigen vermag. Außerdem wird der Prozeß, aufgrund dessen eine Bedürfnisbefriedigung zugleich immer auch die Ursache für das Entstehen neuer Bedürfnisse ist, zerstört; die Bedürfnisentwicklung wird behindert.

Diese hier in einliniger Weise beschriebenen Prozesse treten nun allerdings in der Realität nicht in dieser Eindeutigkeit und Widerspruchslosigkeit auf; die konkrete Lebenstätigkeit des arbeitenden Menschen kann nicht vollkommen fremdbestimmt werden (vgl. auch *Adorno*, 1975, S. 99). Weil nämlich jede abstrakte Arbeit, um wertschaffend zu sein, zugleich auch als konkrete Arbeit einen Gebrauchswert produzieren muß, ist nur in vergleichsweise wenigen, vollkommen taylorisierten Arbeitsprozessen eine vollkommene Trennung von ausführender Tätigkeit des arbeitenden Menschen und Produktivität und Kreativität dieses Menschen möglich [1]. Die meisten Arbeitsprozesse würden demgegenüber zusammenbrechen, wenn in ihnen die Möglichkeit der Befriedigung des Bedürfnisses nach produktiver Tätigkeit vollständig zerstört würde. Daß ein Zusammenhang fortbesteht, zeigt sich subjektiv in der »Liebe zum Beruf« (*Sève*) und objektiv darin, daß der Lohn allein vielfach keine hinreichende Motivation für eine Arbeit bietet, wenn diese nicht zugleich auch eine Bedürfnisbefriedigung enthält. Diese Feststellung wird – so scheint uns – durch empirische Untersuchungen teilweise belegt: Arbeiterjugendliche z. B. betrachten einerseits ihre Ausbildung weitgehend unter dem Aspekt der Qualifikation zum Facharbeiter, um dadurch einen besseren Tauschwert der Ware Arbeitskraft zu erzielen, und die inhaltliche Form der Qualifizierung tritt dabei scheinbar in den Hintergrund (vgl. *Kruse*, 1976, S. 278), gleichzeitig aber wird in den empirischen Untersuchungen auch deutlich, daß die Inhalte der Ausbildung nicht bedeutungslos sind, weil eben aufgrund dieser Inhalte eine teilweise Integration verschiedener Lebensbereiche (z. B. in der Reparatur des eigenen Autos nach der Arbeitszeit) und somit auch eine Realisierung der Fähigkeiten möglich wird (vgl. ebd., S. 279 f.). Dabei mag es in manchen Fällen auch sein, daß im Arbeitsprozeß nicht primär ein Bedürfnis nach produktiver Tätigkeit erfüllt wird, sondern daß die Arbeit die Voraussetzung für die Möglichkeiten zur Kommunikation und zur Bildung eines Lebenszusammen-

1 Daß in der Realität diese Trennung nicht so total ist, macht eine bisher unveröffentlichte Studie von *W. Girschner* deutlich, in der zwar einerseits festgestellt wird, daß die Kreativität der in hochgradig arbeitsteiligen Prozessen Arbeitenden nur wenig eingesetzt werden kann, zugleich aber auch verdeutlicht wird, daß ein hohes Maß an Problemverständnis erforderlich ist, damit sie die Arbeit durchführen können. In einem ähnlichen Zusammenhang kann auf die Folgen des »Dienstes nach Vorschrift« für die Arbeitsabwicklung verwiesen werden; bei ihm wird die Kompetenz der Arbeitenden zugunsten vorgeschriebener Arbeitsabläufe bewußt hintangestellt.

hangs darstellt, der über die Familie hinausweist; dafür sprechen jedenfalls einige Untersuchungen zur Arbeitslosigkeit (vgl. z. B. *Wacker*, 1976, S. 49 f., 99 ff.).

Indem in aller Regel der Arbeitsprozeß auch die individuellen Fähigkeiten des Arbeitenden benötigt (oder sie zumindest nutzt, wenn sie vorhanden sind), bleibt in einem gewissen Maße der Fortbestand eines Zusammenhangs von produktivem Akt und Arbeit einerseits und damit andererseits der Bedürfnisbefriedigung erhalten. Dieser Zusammenhang wiederum ermöglicht – zusammen mit der Chance, gerade über die berufliche Tätigkeit auch soziale Kontakte herzustellen – die »Liebe zum Beruf«. Zugleich aber ist die Liebe zum Beruf auch die Voraussetzung für die Nutzung der produktiven Fähigkeiten in diesem Beruf und kann damit Grundlage für ein »radikales Bedürfnis« *(Heller)* nach humanen kreativen und produktiven Arbeitsformen sein [1]. *Sève* schreibt dazu:

»Wer seinen Beruf liebt, ist imstande . . . den kapitalistischen Verhältnissen zum Trotz seine Fähigkeiten in diesem Sektor nicht wegen des abstrakten Produkts, sondern für sich selbst weiterzuentwickeln, um seine konkrete Persönlichkeit von der mit den entscheidenden Produktionskräften und -verhältnissen in Kontakt stehenden Aktivitäten her zu bereichern und umgekehrt die Disponibilität im Zeitplan und den Dynamismus der konkreten Persönlichkeit auf die Entwicklung der gesamtgesellschaftlichen Aktivität zu orientieren. Da aber im allgemeinen zugleich die kapitalistischen Verhältnisse diesen in voller Entwicklung befindlichen Fähigkeiten entsprechende Investitionsmöglichkeiten in der abstrakten Aktivität verwehren, wird die gesamte Persönlichkeit objektiv mit äußerster Kraft zum Bewußtwerden der gesellschaftlichen Mittelpunktverschiebung ihrer Grundlagen und dazu getrieben, ihren ungenutzten Dynamismus in Aktivität zur Umgestaltung dieser außermittigen Basen umzusetzen, und das verschafft ihr wiederum unverzüglich ein erstrangiges Mittel nichtentzweiter Entwicklung sogar in einer entzweienden Gesellschaft« (a. a. O., S. 384; im Orig. z. T. hervorgeh.).

Damit wird die im Arbeitsprozeß liegende Widersprüchlichkeit deutlich: Einerseits ist dieser Arbeitsprozeß fremdbestimmte Tätigkeit, die als »abstrakte Arbeit« einen Entfremdungsprozeß der Arbeitenden und seiner Bedürfnisse einschließt; andererseits bleibt, weil abstrakte Arbeit im Rahmen konkreter Arbeit gebunden ist, auch in dieser entfremdeten Tätigkeit die Möglichkeit erhalten, individuelle Fähigkeiten und Befriedi-

1 Uns scheint, daß eine gewisse Form der Liebe zum Beruf erforderlich ist, um über die Sicherung der Gesundheit vor Arbeitsunfällen hinausgehend und neben der Forderung nach Lohn den Anspruch auf einen humanen Arbeitsplatz zu erheben.

gungsmöglichkeiten zu entwickeln. Die Möglichkeit zur Fortentwicklung dieser Fähigkeiten des Arbeitenden »für sich selbst« hängt davon ab, ob er seine Arbeitsleistung in ihrer Individualität erkennt und ob es ihm gelingt, sie in einen Zusammenhang mit seinen Aktivitäten als gesellschaftliches Wesen außerhalb der fremdbestimmten Produktion zu stellen. Uns geht es allerdings zunächst nur darum, die Doppelseitigkeit aufzuzeigen, die Erfahrung von Entfremdung konkret bestimmt. Diese Doppelseitigkeit hat *Lefèbvre* im Blick, wenn er schreibt: »Die absolute Entfremdung und ihre absolute Aufhebung sind ... gleichermaßen undenkbar. Die reale Entfremdung läßt sich nur im Verhältnis zu einer möglichen Aufhebung denken und bestimmen« (*Lefèbvre*, 1976, S. 35 f.; vgl. auch *Joas*, 1978, S. 17).

Auch im Bereich der Reproduktion lassen sich ähnliche Momente einer Dialektik von Entfremdung und ihrer Aufhebung erkennen; auch hier ist die Abtrennung der Bedürfnisbefriedigung von der aktiven Selbsttätigkeit nicht vollkommen. Sie kann es auch nicht sein, weil dies die Grundlagen für die Reproduktion der Arbeitskraft selbst gefährden oder gar zerstören würde.

Die vollständige Abtrennung würde bedeuten, daß die Bedürfnisbefriedigung, die zur Regeneration der Arbeitskraft führen soll, ausschließlich über den Kauf und den Konsum von Waren erfolgen würde. Ebenso wären die für die psychische Regeneration entscheidenden zwischenmenschlichen Beziehungen der Freundschaft, Liebe und andere Formen der Zugehörigkeit auf reine Tauschbeziehung zwischen den Besitzern verschiedener psychischer Waren zu reduzieren.

Es ist oft genug analysiert worden und soll hier nicht wiederholt werden, daß in der Tat der kapitalistischen Gesellschaftsform und Produktionsweise eine systematische Tendenz zu solcher Entzweiung und Reduktion zwischenmenschlicher Beziehung, weit über den unmittelbaren Bereich der materiellen Produktion hinaus, innewohnt. Es sollte aber nicht übersehen werden, daß diese Tendenz schon innerhalb dieser Gesellschaftsform ihre Schranken findet. Die Schreckensbilder einer total manipulierten Gesellschaft von Konsumidioten, deren Zwischenmenschlichkeit in schierer Warenförmigkeit erstickt (z. B. bei *Vinnai*, 1973; *Duhm*, 1973, bes. S. 82 ff.; *Schneider*, 1973, S. 270 ff.), entstammen eher gut gemeinten Propagandaabsichten als einer sorgfältigen Analyse gesellschaftlicher Wirklichkeit.

Wir können diese Schranken hier nicht näher analysieren, sondern nur einige Gesichtspunkte nennen: Einmal ermöglichen solche zwischenmenschlichen Beziehungen, in denen die darin gesuchte Bedürfnisbefriedigung nicht zugleich ein aktives, beziehungsgestaltendes Moment enthält, die also zur reinen Tauschbeziehung deformiert sind, nur ein sehr reduziertes Maß an Bedürfnisbefriedigung (wie das klassische Beispiel Prostitution zeigt). Übersteigt diese Reduktion in verschiedenen Bereichen des persönlichen Lebens ein gewisses Maß, so nimmt dies den zwischenmenschlichen Beziehungen zugleich ihre regenerative Kraft. Die Unfähigkeit, seine Bedürfnisse durch aktives Suchen und Gestalten persönlicher Beziehungen zu befriedigen, also zerstörte Liebesfähigkeit, geht in der Regel mit zerstörter Arbeitsfähigkeit Hand in Hand, wie schon *Freud* wußte. Deshalb formulierte er bekanntlich als pragmatisches Doppelziel der Therapie »die Herstellung seiner (des Kranken; B. M./F. O.) Leistungs- und Genußfähigkeit« (*Freud*, G. W., Bd. V, S. 8). So sehr also der bestehenden Gesellschaftsform die Verdinglichung und Reduktion zwischenmenschlicher Beziehung wesensmäßig innewohnt, so sehr bleiben in ihr doch Gegenwirkungen und Lebensbereiche, in denen die Entfremdung zumindest partiell aufgehoben ist, erhalten, weil auch diese Gesellschaft ohne sie nicht existieren kann.

Solche Gegenwirkungen können einmal von den Restbereichen historisch gewachsenen Alltagslebens ausgehen, die zu den von Verwertungsprozessen beherrschten Gesellschaftsstrukturen »ungleichzeitig« (*Bloch*) und nicht restlos unter diese subsumierbar sind. Zu diesem Alltagsleben gehört vor allem das von zyklischen Zeitstrukturen bestimmte häusliche Leben (vgl. *Lefèbvre*, 1975, S. 55 ff.). Es sind die Zeit und der Raum, die »ausgefüllt mit der Befriedigung elementarer Bedürfnisse, mit der Lösung der elementarsten Aufgaben, die selbst den Zyklen unterworfen sind. Der jeweilige gesellschaftliche Raum . . ., d. h. die Wohnung und ihre Umgebung ist ganz wie die Zeit dem Elementaren gewidmet. Tag für Tag, Woche für Woche dieselben Orte, dieselben Ziele, dieselben Wege« (ebd., S. 63). Die Arbeit, die in diesem Zeitraum geleistet werden muß, z. B. die der Hausfrau, ist unmittelbarer als Lohnarbeit auf Bedürfnisse elementarer Art bezogen – was nicht heißt, daß sie weniger frustrierend sei. Sie ist »unaufhörliche Entgegnung auf die nicht endenden Prozesse der Erosion, der Verschmutzung, der Abnutzung und des Alterns alles Nützlichen und Lebendigen« (ebd.).

Diese Arbeit, die der »Reproduktion des einzelnen in einer konkreten Lebenswelt« (*Heller*, 1978, S. 26) dient, ist insofern weniger entfremdet als andere Arbeit, als sie unmittelbarer auf die Befriedigung menschlicher Bedürfnisse gerichtet ist. Gerade diese Arbeit kann aber um so frustrierender sein, weil bzw. wenn sie gleichsam nur die Kehrseite einer entfremdeten Arbeits- und Bedürfnisstruktur darstellt (vgl. *Lefèbvre*, 1975, S. 63), also immer nur mit dem zu tun hat, was nach dem Prozeß entfremdeter Arbeit und nach dem Prozeß entfremdeter Bedürfnisbefriedigung übrigbleibt: Aufräumen, Nachwischen, Zusammenflicken, Trösten. Nicht nur Hausfrauen, sondern auch Jugendarbeiter haben mit dieser Art von Arbeit zu tun.

Es kann allerdings auch reine Kompensation, reine Flucht ins Privatleben sein, welche die Abtrennung der Bedürfnisbefriedigung vom aktiven Leben unter dem Schein einer partiellen Aufhebung dieser Trennung erst recht standardisiert. Andererseits können sich in diesen »face-to-face«-Bereichen des Alltagslebens auch Kräfte entwickeln, die bewirken, »daß die ganze Persönlichkeit die Entzweiung zurückweist, daß sie einen Dynamismus erhält, der sich weder in die entfremdeten Formen der gesellschaftlichen Aktivität noch in die kleinlichen Formen des Privatlebens einsperren läßt« (*Sève*, 1973, S. 383).

Ähnliche Aussagen lassen sich über Freizeitleben und Freizeitaktivität machen, auf deren Funktion wir noch näher eingehen wollen. Freizeitbetätigung stellt in ihren aktiven Formen (Hobbys und dergleichen) eine partikulare Aufhebung der Trennung von Bedürfnisbefriedigung und aktivem Leben dar. Soweit diese Aufhebung in eine isolierte Enklave des Lebens eingeschlossen bleibt, ist sie nicht nur durch die Hobby- und Freizeitindustrie gleich verwertbar, sondern steht auch in der Gefahr, als Surrogat für die unbefriedigende Liebe zum Beruf und die unbefriedigte Zwischenmenschlichkeit im Alltag zu dienen und dort den Zustand der Entfremdung zu stabilisieren (vgl. *Cohen/Taylor*, 1977, insbes. Kap. 5, S. 94 ff.). Andererseits kann ein aktives Freizeitleben auch Ausdruck eines Widerstandspotentials sein, Energien gegen die »Entzweiung« zu mobilisieren.

Wichtig für unseren Zusammenhang ist, daß auch die »Zurückweisung« der »Entzweiung« für die Reproduktion der Arbeitskraft zwei Seiten hat, die nicht voneinander zu trennen sind: Diese Zurückweisung ist als Widerstand gegen Resignation und Apathie, gegen Formen des »Ausflippens«, gegen stumpfsinnige Überanpassung immer zugleich ein Kampf gegen die Zerstörung von Arbeitskraft, der als solcher auch für die herrschenden Verwertungsinteressen von Nutzen ist. Andererseits ist diese Zurückweisung und dieser Widerstand die Wurzel »radikaler Bedürfnisse« (*Heller*), die nicht in ihrem »Sein«, wohl aber in ihrer »Befriedigung« die kapitalistische Gesellschaftsform transzendieren (vgl. *Heller*, 1976, S. 88).

Wie diese »Zurückweisung«, das »kämpferische Leben«, wie *Sève* es nennt (a. a. O., S. 383 ff.), der subjektive Ursprungsort und Ausdruck »radikaler Bedürfnisse« ist, so kann nach der objektiven Seite hin, mit *Heller*, formuliert werden, »daß die kapitalistische Gesellschaft selbst die radikalen Bedürfnisse hervorbringt, somit ihren Totengräber produziert, daß diese Bedürfnisse organische Bestandteile des ›Gesellschaftskörpers‹ des Kapitalismus und somit innerhalb der gegebenen Geselschaft unbefriedigbar sind; eben deshalb sind sie Motive der die gegebene Gesellschaft *transzendierenden* Praxis« (*Heller*, 1976, S. 10).

Zusammenfassend bleibt festzuhalten: Wir haben das Problem der Entstehung und Entwicklung von Bedürfnissen näher bestimmt in der Frage: Wie und wieso entstehen Bedürfnisse unserer Gesellschaftsform als entfremdete Bedürfnisse und inwiefern bleiben auf dem Boden dieser Gesellschaft in dieser Entfremdung Momente nicht-entfremdeten Bewußtseins enthalten? Entfremdung der Bedürfnisse haben wir beschrieben als die bestehende Zertrennung des Zusammenhangs von gesellschaftlich möglicher, bewußter und aktiver Entfaltung menschlicher Fähigkeiten und Bedürfnisbefriedigung sowie die damit verbundene Reduktion der Bedürfnisse, die durch die kapitalistische Produktionsweise erzeugt ist. Weil aber Entfremdung nie absolut, sondern immer nur relativ zu den gattungsmäßigen Möglichkeiten, die in einer Gesellschaftsform liegen, bestimmt werden kann, ist auch keine Gesellschaft denkbar, in der es »keine Möglichkeit gäbe, daß sich der Einzelmensch zur entfremdeten Welt auf eine *nichtentfremdete* Weise verhalte« (*Heller*, zit. nach *Joas*, 1978, S. 15). In der kapitalistischen Gesellschaft ist diese Möglichkeit zwangsläufig gegeben, weil sie sich nicht als Gesellschaft reproduzieren kann, ohne zugleich partielle Momente der Nicht-Entfremdung zu enthalten und damit Bedürfnisse zu erzeugen, die als unbefriedigbare Bedürfnisse zugleich »Totengräber« dieser Gesellschaft sind. Dies gilt für die gesellschaftlichen Sphären der Produktion wie der Reproduktion gleichermaßen. Darin liegt zugleich, nach der subjektiven Seite hin, »eine Begründung der Möglichkeit eines nicht-entfremdeten Verhältnisses zur Entfremdung und der Notwendigkeit der subjektiven Aufhebung der Entfremdung im Kampf um deren objektive Aufhebung« (*Joas*, 1978, S. 15).

Diese Überlegungen sind sehr ins Grundsätzliche gegangen, schienen uns aber notwendig, um das »Bedürfnisproblem« in der Theorie der Jugendarbeit neu aufzurollen. Wir fassen die Konsequenzen, die sich aus diesen Überlegungen für unser Thema ergeben, in einigen vorläufigen Thesen zusammen, die verdeutlichen sollen, worauf wir im folgenden hinaus wollen:

1. Bedürfnisorientierte Jugendarbeit heißt nicht nur Jugendarbeit die »an den Bedürfnissen anknüpft«, da dies jede Art von Jugendarbeit zwangsläufig tun muß. Bedürfnisorientierte Jugendarbeit soll vielmehr gleichbedeutend sein mit bedürfnis*entwickelnder* Jugendarbeit.
2. Bedürfnisentwickelnd sollen alle Aktivitäten und Formen der Jugendarbeit genannt werden, die den Kampf aufnehmen gegen die vorherr-

schende Zerstörung und Pervertierung des Zusammenhangs von Bedürfnisbefriedigung und bewußtem, aktiv gestaltetem Leben. Diese Zerstörung, die Bedürfnisbefriedigung nur noch in entfremdeter Form zuläßt, ist in der kapitalistischen Gesellschaft die entscheidende Wurzel aller Bedürfnisverkümmerung.

3. Chancen und Spielräume für diesen Kampf ergeben sich daraus, daß die kapitalistische Gesellschaft einerseits die Zertrennung des Zusammenhangs von Bedürfnisbefriedigung und aktivem Leben permanent hervorbringt und ohne sie nicht funktionieren kann, andererseits darin ihre eigenen Grundlagen zerstört. Denn diese Zertrennung zerstört die Arbeitslust und damit eine Grundlage der Produktivität und sie zerstört letztlich die Fähigkeit zur Reproduktion der Arbeitskraft.

4. Jugendarbeit bleibt in diesem Widerspruch eingespannt: Sie erhält von Staat und Gesellschaft Arbeitsmöglichkeiten, weil und sofern sie der Zerstörung von Arbeitsfähigkeit (von der Jugendliche besonders bedroht sind) entgegenwirkt, indem sie der Zerstörung des Zusammenhangs zwischen Bedürfnisbefriedigung und aktivem Leben entgegenwirkt, oder doch den Anschein einer solchen Gegenwirkung erzeugt (letzteres vor allem dann, wenn das aktive Freizeitleben sorgfältig vom übrigen Alltagsleben abgeschottet bleibt). Zugleich aber kommt Jugendarbeit in Schwierigkeiten, setzt sich der Kontrolle und Obstruktion staatlicher und gesellschaftlicher Kräfte aus, wenn sie diesen ihren Auftrag zu ernst nimmt. Wenn die Wünsche nach einer Bedürfnisbefriedigung in der aktiven, produktiven und selbstbestimmten Gestaltung des eigenen Lebens einmal wach geworden sind, wenn die Möglichkeit nicht-entfremdeter Bedürfnisbefriedigung auch nur partiell erfahren wurde, kann sich daraus ein subversives Potential entwickeln, das nicht leicht unter Kontrolle zu halten ist. Die Bedürfnisentwicklung bleibt nicht in den engen Grenzen, die für ein Optimum an produktiver Kapazität und konfliktarmer Einpassung des Einzelnen in die bestehende Gesellschaft und Produktionsweise notwendig sind. Sie drängt darüber hinaus und schafft ein Potential an Unzufriedenheit, das seinerseits Restriktion und Kontrollen auf den Plan ruft, die eine Jugendarbeit kaputtmachen können.

5. Entfremdung der Bedürfnisse, also Zerstörung des Zusammenhangs von Bedürfnisbefriedigung und aktivem Leben, betrifft im Blick auf Jugendarbeit nicht nur die Bedürfnisse der Jugendlichen, sondern auch die der in der Jugendarbeit tätigen Pädagogen/Mitarbeiter, wenn auch in unterschiedlicher Weise wie noch näher auszuführen ist. Die Theorie einer bedürfnisentwickelnden Jugendarbeit im oben definierten Sinn, kann sich nicht darauf beschränken, die entfremdeten Bedürfnis-

se Jugendlicher zu thematisieren; sie muß auch die Bedürfnisse der Pädagogen sowie die Schnittpunkte und möglichen Konflikte und Gegensätze zwischen beiden Bedürfnissystemen untersuchen. Sie kann sich nicht auf pauschale Feststellungen der Art beschränken, daß die Bedürfnisse beider Seiten aufgrund unterschiedlicher Lebenslage eben verschieden oder auch, daß sie, aufgrund des gemeinsamen Schicksals der Lohnabhängigkeit ähnlich seien. Beides ist wahr, bringt aber allein nicht viel weiter.

Es scheint deshalb für die Analyse und Beschreibung einer bedürfnisentwickelnden Jugendarbeit notwendig, sowohl die Bedürfnisse der Jugendlichen als auch die Bedürfnisse der Jugendarbeiter näher zu analysieren. Eine solche Analyse der Bedürfnisse muß berücksichtigen, in welchem Zusammenhang Jugendliche und Jugendarbeiter überhaupt miteinander in Beziehung treten, d. h. welche Bedeutung die Beziehungen für die beiden Gruppen haben. Hierzu sei an dieser Stelle zunächst folgendes angedeutet:

- Jugendarbeiter und Jugendliche treffen in der Regel in Situationen zusammen, die zum Freizeitbereich der Jugendlichen gehören;
- diese Situationen stellen jedoch für den Jugendarbeiter den Arbeitsplatz (also keine Freizeit) dar;
- Jugendarbeiter haben keinen unmittelbaren Einfluß auf die Zeitstrukturen und die verfügbaren Mittel, in denen und mit denen Jugendliche ihre Freizeitbedürfnisse befriedigen können (oder auch nicht), wie sie etwa den Einflußmöglichkeiten von Eltern, Schulen, Arbeitgebern u. a. vergleichbar wären;
- dagegen sind die Jugendlichen für den Jugendarbeiter ein primärer Faktor für die Qualität seines Arbeitsplatzes und für die Möglichkeit, seine »Liebe zum Beruf« zu befriedigen;
- dies gilt auch dann, wenn der Jugendarbeiter erkennt, daß das Verhalten der Jugendlichen, das ihn Erfolg empfinden oder resignieren läßt, selbst nur Ausdruck der Verhältnisse ist, unter denen sie leben müssen.

Damit aber der Jugendarbeiter den Zusammenhang, der zwischen den Bedürfnissen der Jugendlichen, ihren Lebensverhältnissen und der individuellen Entwicklung der Jugendlichen besteht, überhaupt zu erkennen vermag, muß er nicht allein etwas über die Entstehung und Entwicklung der Bedürfnisse auf einer relativ allgemeinen Abstraktionsstufe wissen, sondern darüber hinaus auch Kenntnis von der Lebenssituation der Jugendlichen haben, mit denen er zu tun hat. Er ist mithin auf die theoretische Durchdringung der Lebensverhältnisse der Jugendlichen angewiesen, um die teilweise verdeckten Zusammenhänge erkennen zu können, die Bedürfnisse in der Form entstehen lassen, wie sie von den

Jugendlichen artikuliert werden. Dazu bedarf es sowohl der Kenntnis der Lebenssituation der Jugendlichen wie auch des Verstehens dessen, was die Jugendlichen über ihre Bedürfnisse äußern. Über den Zusammenhang von Lebenssituation und Bedürfnis soll der nächste Abschnitt nähere Informationen geben, auf die Frage des Verstehens der Äußerungen von Jugendlichen werden wir im dann folgenden Abschnitt eingehen.

4. Über Bedürfnisse von Arbeiterjugendlichen und Jugendarbeitern und den Prozeß der Jugendarbeit

4.1. Vorbemerkung

Unsere bisherigen Überlegungen machen deutlich, daß die Entstehung und Entwicklung von Bedürfnissen abhängig sind von der Lebenssituation der betreffenden Menschen. Wir stellen im folgenden einerseits die Gruppe der Arbeiterjugendlichen und zum anderen die Gruppe der Jugendarbeiter, die in der offenen Jugendarbeit mit den Jugendlichen umgehen, einander gegenüber. Eine solche einschränkende Vorgehensweise erscheint uns in zweierlei Hinsicht gerechtfertigt:
Erstens machen die Arbeiterjugendlichen einen relativ hohen Anteil an den Jugendlichen der Gesellschaft aus und sie sind in dieser Gesellschaft diejenige Gruppe, die vielleicht am ehesten der Hilfe durch Jugendarbeit bedarf (und das nicht erst, seit die Arbeitslosigkeit gerade in dieser Gruppe besonders hoch ist).
Zweitens ist es die offene Jugendarbeit, in der die Problematik der Bedürfnisorientierung bisher diskutiert worden ist und in der diese Problematik deshalb von besonderer Bedeutung ist, weil die Freiwilligkeit der offenen Jugendarbeit eine Orientierung an den Bedürfnissen notwendig macht.
Unsere These ist, daß nicht allein die Bedürfnisse der Jugendlichen für die Jugendarbeit relevant sind, sondern daß auch die Bedürfnisse der Jugendarbeiter die Jugendarbeit bestimmen. Ja man kann sogar behaupten, daß die Bedürfnisse der Jugendarbeiter primär für die Jugendarbeit bestimmend sind, denn die Jugendlichen sind durch die Jugendarbeit allein in ihrer Freizeit – und auch hier eher am Rande – betroffen, während der Jugendarbeiter mit seiner gesamten beruflichen Existenz in die Jugendarbeit eingebunden ist. Wenn also unsere vorhergehenden Überlegungen richtig sind, daß die Bedürfnisstruktur der Individuen in starkem Maße bestimmt wird durch die Arbeitssituation, in der diese Individuen sich befinden, so wird auch die Bedürfnisstruktur des Jugendarbeiters in

besonderem Maße bestimmt durch seine Tätigkeit im Rahmen der Jugendarbeit, wie auch umgekehrt diese Bedürfnisstruktur seine Tätigkeit prägt.
Es scheint uns deshalb erforderlich, sowohl die Lebens- und Arbeitssituation des Arbeiterjugendlichen, als auch die Lebens- und, Arbeitssituation des Jugendarbeiters im folgenden kurz zu skizzieren, um damit zu verdeutlichen, in welcher Weise unterschiedliche Lebens- und, damit zusammenhängend, Bedürfnisstrukturen aufeinander treffen können.

4.2. Zur Lebenssituation von Arbeiterjugendlichen [1]

Es wurde eben bereits darauf hingewiesen, daß die Lebenssituation der Jugendlichen durch die Jugendarbeit nur in peripherer Weise berührt wird. Es scheint uns deshalb erforderlich, die Lebenswelt der Jugendlichen zunächst unabhängig von der Jugendarbeit, mit der sie konfrontiert werden, kurz zu beschreiben, um daran anschließend Überlegungen anstellen zu können, in welcher Weise Bedürfnisse sich aufgrund dieser Lebenssituation entwickeln können. An dieser Stelle ist es nicht möglich, eine umfangreiche Analyse der Lebenssituation von Arbeiterjugendlichen zu leisten. Wir wollen deshalb lediglich Aussagen über diese Lebenssituation thesenartig zusammenfassen, da es uns primär darauf ankommt, die Auswirkungen dieser Lebenssituation auf die Entwicklung von Bedürfnissen zu erkennen.
Aufgrund vorliegender Untersuchungen lassen sich folgende Tatsachen über die Lebenssituation von Arbeiterjugendlichen festhalten:

- Arbeiterjugendliche arbeiten sowohl als Jungarbeiter als auch als Lehrlinge direkt im Produktionsprozeß mit. Ihre Situation unterscheidet sich somit im Betrieb nicht grundsätzlich von den erwachsenen Arbeitern (vgl. *Daviter*, 1973, S. 101 ff.) [2]. Obwohl Arbeiterjugendliche in der gleichartigen Arbeitssituation stehen wie erwachsene Arbeiter, werden sie dennoch im Betrieb nicht nur von ihren Meistern u. ä., sondern auch von älteren Kollegen oder Gesellen in der Regel wie Unmündige behandelt und entwickeln auch ein Gefühl der Unterlegenheit und des Noch-nicht-vollwertig-Seins (vgl. *Maupeou-Leplâtre*, 1965, S. 492). Trotz der Gleichartigkeit der Arbeitssituation scheint es gerade diese Hierarchisierung in den Betrieben (Jugendliche müssen

1 Auf definitorische Untersuchungen, was unter Arbeiterjugendlichen im einzelnen zu subsumieren ist, soll hier verzichtet werden. Vgl. dazu z. B. *Liebel*, 1976, und *van Onna*, 1976.

2 Diese Gleichartigkeit der Lebenssituation innerhalb des Betriebes mag es gerechtfertigt erscheinen lassen, auch einige Ergebnisse von Untersuchungen über erwachsene Arbeiter auf die Arbeiterjugendlichen zu übertragen.

Bier holen u. a.) zu sein, die eine Solidarisierung von älteren und jugendlichen Arbeitern verhindert.

- Die Arbeit selbst ist anstrengend, auch dort, wo körperliche Tätigkeit nicht mehr im Vordergrund steht; dann wird psychisch-nervliche Anstrengung gefordert (vgl. *Kern/Schumann*, 1970, S. 114 ff.; *Osterland* u. a., 1973, S. 77 f.). Empirische Untersuchungen bestätigen allerdings die bereits oben getroffene Feststellung, daß die Arbeit, obwohl von ihr eine immense Belastung ausgeht, nicht nur als belastend empfunden wird, sondern zugleich auch zentral für das Selbstbewußtsein der Arbeiterjugendlichen ist, weil sie ihnen die Möglichkeit schafft sowohl im Beruf etwas zu schaffen und somit eine »Liebe zum Beruf« zu entwickeln, andererseits aber auch Grundlage des sozialen Kontaktes mit anderen Jugendlichen darstellt. In welchem Maße die Arbeit zugleich Grundlage sozialer Kontakte ist, wird in den Untersuchungen über Arbeitslosigkeit deutlich, die aufzeigen, daß Arbeitsverlust vielfach als Verlust des Sinns der eigenen Existenz begriffen wird (vgl. *Wacker*, 1976, S. 52 f., 59 f.).
- Weil der Arbeiterjugendliche ein Bewußtsein seiner eigenen Leistung entwickeln kann (zum spezifischen Leistungsbewußtsein von Arbeitern vgl. *Popitz* u. a., 1957, S. 208 ff.), da er weiß, daß seine Fähigkeiten für den Produktionsprozeß benötigt werden, ergeben sich aus diesem Arbeitsprozeß Keime für die »Liebe zum Beruf«. Dabei dürfte die Möglichkeit der Liebe zum Beruf und die Integration verschiedener Lebensbereiche nicht unabhängig sein von der Art der ausgeführten Arbeit. Ist nämlich die Arbeit allein auf die Verrichtung fremdbestimmter Tätigkeiten reduziert, so dürfte sich die Liebe zum Beruf nur schwer entwickeln können; besteht dagegen die Arbeit auch in selbständigen kreativen Aktivitäten, so ist der Arbeiterjugendliche hier in der Lage, seine Fähigkeiten zu nutzen und in der Arbeit Befriedigung zu finden.
- Die Freizeit des Jugendlichen wird gemeinhin als die Zeit betrachtet, in der der Jugendliche frei von den Restriktionen der Arbeit und relativ frei von Unterdrückung lebt. Diese Feststellung gilt aber auch für die Freizeit nur partiell. Um dieses Problem genauer untersuchen zu können, ist eine Untergliederung der Freizeit erforderlich. Unter Freizeit im weiteren Sinne kann die gesamte Zeit außerhalb der Arbeit verstanden werden. Von dieser Freizeit im weiteren Sinne ist jedoch noch die Zeit, die für den Weg zum Arbeitsplatz benötigt wird, und die Zeit, die für Arbeiten außerhalb des Berufs erforderlich ist (z. B. Hausarbeiten, insbesondere bei Mädchen), abzuziehen, wenn von der Freizeit im engeren Sinne gesprochen werden soll. Der Freizeit im

engeren Sinne weist *Habermas* drei Funktionen zu: die regenerative, die suspensive und die kompensatorische Funktion (vgl. *Habermas*, 1967, S. 35). Die regenerative Funktion besteht darin, daß in der freien Zeit die durch die Arbeit entstandene Erschöpfung überwunden werden muß. Aufgrund der abnehmenden körperlichen Anstrengungen während der Arbeitszeit tritt neben diese Funktion auch die Funktion einer »Quasi-Arbeit«; es wird ein Arbeitsverhalten geübt, »das von der mit der Berufsarbeit verbundenen Fremdbestimmung, Abstraktheit und Unverhältnismäßigkeit suspendiert« (ebd.); in der Freizeit soll also in der Arbeit vergleichbaren Tätigkeiten Erfüllung gefunden werden. Die kompensatorische Funktion zielt auf ein arbeitsfremdes Verhalten (z. B. Sport), das die Folgen der Arbeit kompensiert (ebd., S. 36). Diese Funktionen können in unterschiedlicher Weise erreicht werden. Z. B. kann sportliche Tätigkeit eine regenerative und eine kompensatorische Funktion haben, die Reparatur eines Motorrades eine suspensive Funktion aber auch den Sinn haben, billig ein repariertes Motorrad zu bekommen usw. Das heißt anders formuliert, daß nicht unterstellt werden kann, daß einzelne Freizeitaktivitäten umstandslos einer Funktion zugerechnet werden können, sondern daß sich in einzelnen Aktivitäten unterschiedliche Funktionen niederschlagen können.

- Im Rahmen der Freizeit des Arbeiterjugendlichen ist auch sein widersprüchliches Verhältnis zu seiner Familie zu untersuchen. Da der Arbeiterjugendliche häufig nicht in der Lage ist, sich von der Familie zu separieren (z. B. weil er kein eigenes Zimmer hat oder dieses nicht heizbar ist u. ä.), muß er sich in vielen Fällen den Wünschen der Familie unterwerfen (z. B. in seiner Zeiteinteilung, in Kontaktmöglichkeiten mit Freund/Freundin u. a. m.). Wird nun allerdings nur dieser Unterwerfungszusammenhang gesehen, so hätte man einen wichtigen Aspekt des familialen Zusammenlebens übersehen: Die Familie ist nämlich für den Arbeiterjugendlichen nicht nur die Instanz, der er sich zu unterwerfen hat, sondern in ihr findet er auch in der Regel ein hohes Maß an emotioneller Sicherheit, die in Notfällen auch durch finanzielle Hilfen gestützt wird (vgl. *Hornstein* u. a. 1975, S. 89). Der Arbeiterjugendliche findet also auch in der Familie eine widersprüchliche Situation vor: Aufgrund seiner fehlenden ökonomischen Selbstständigkeit ist er in den Status der Abhängigkeit gezwungen; auch in der Familie läßt sich das Bedürfnis nach Selbständigkeit ebenso wenig realisieren wie während der Arbeit. Allerdings ist die Familie in der Lage, emotionale Sicherheit zu bieten, die eine wichtige Grundlage für die Gewinnung von Selbständigkeit ist.

- Es scheint, daß es diese widersprüchliche Situation in der Familie ist, die in vielen Aspekten der Situation am Arbeitsplatz ähnelt, die zur Folge hat, daß die Jugendlichen bestrebt sind, mit Gleichaltrigen zusammen Aktivitäten auszuführen. Diese gemeinsamen Aktivitäten können dabei sowohl auf der Basis von Vereinen (z. B. Sportvereine) als auch in losen nichtorganisierten Gruppen ihren Platz finden. Derartige Gruppen gehören in der Regel derselben sozialen Schicht an (vgl. *Ausubel*, 1968, S. 332), denn die gleichartige soziale Lage ist Voraussetzung dafür, daß die Jugendlichen gleichartige Probleme haben und – teilweise – auch gleichartige Lösungsversuche machen. Derartige Aktivitäten müssen wohl vorwiegend unter dem Aspekt der Loslösung der Jugendlichen vom Elternhaus gesehen werden. In diesem Sinne ist die Gruppe ein Selbstzweck für die Jugendlichen der seine Mittel sowohl im gemeinsamen Ausflug wie auch in gemeinsamen Vereinsaktivitäten finden kann. Allerdings sind die Jugendlichen auch in dieser Freizeit nicht frei von Restriktionen. Bei Gaststättenbesuchen z. B. besteht ein Rauch- und Alkoholverbot, insgesamt unterliegen sie starken finanziellen Beschränkungen.

In diesem Sinne stellt sich die gesamte Lebenssituation des Arbeiterjugendlichen als widersprüchlich dar: In seiner Arbeit ist er in vielen Fällen gezwungen, gleichartige und z. T. auch gleiche Arbeit zu verrichten wie die erwachsenen Arbeiter, wobei ihm häufig die weniger angenehmen und repetitiven Arbeiten überlassen werden. Zugleich ist er aber in eine Hierarchie eingespannt, die Arbeiterjugendliche nicht als vollwertige Arbeiter anerkennt. Damit werden einerseits die Bedürfnisse der Arbeiterjugendlichen nach selbständiger und eigenverantwortlicher Tätigkeit in noch stärkerem Maße unterdrückt als dies bei erwachsenen Arbeitern der Fall ist, andererseits aber muß ein verstärktes Bedürfnis entstehen, in der Freizeit diese Bedürfnisse befriedigen zu können. Deshalb versucht der Jugendliche in besonderem Maße in der Freizeit die Zwänge des Alltagslebens zu kompensieren (soweit die Freizeit nicht allein auf die Regeneration der Arbeitskraft beschränkt werden muß) und seine Bedürfnisse nach Selbständigkeit und selbstbestimmtem Handeln zu verwirklichen. Aber auch in der Freizeit stößt der Jugendliche auf Restriktionen: Einerseits ist er in der Regel gezwungen, sich in die Tagesabläufe und Verhaltensweisen seines Elternhauses einzupassen, weil finanzielle Gründe eine Trennung vom Elternhaus nicht erlauben (soweit der Jugendliche diese überhaupt anstrebt, denn das Elternhaus stellt in vielen Fällen auch die Grundlage für die Befriedigung des Sicherheitsbedürfnisses dar); und andererseits stößt er außerhalb der Familie auf die durch Jugendschutzgesetz und Konvention gesetzten Regeln, die ihm – im Unterschied zum Erwachse-

nen – das »Bürgerrecht auf alltägliche Genüsse« verwehren (vgl. Projektgruppe Jugendbüro dji, 1975, S. 130 ff.). Allein in der Gruppe Gleichaltriger kann er selbstbewußt und gleichberechtigt agieren, soweit er die Gruppennormen akzeptiert.
Welchen Stellenwert hat nun in diesem Lebenszusammenhang die Jugendarbeit? Zunächst einmal gar keinen. Das Lebensfeld von Arbeiterjugendlichen läßt sich beschreiben – und wird gewöhnlich beschrieben, ohne daß Jugendarbeit oder Jugendpflege überhaupt erwähnt werden.
Götz Aly schreibt: »Insgesamt haben wir festgestellt, daß die Jugendpflege im Prozeß des Erwachsenwerdens keine Rolle spielt. Es stimmt nicht, wenn behauptet wird, sie hole die Jugendlichen von der Straße, dämme Kriminalität ein, fördere Zurichtung und Anpassung. Die staatliche Jugendpflege hat derzeit kein Ziel . . . die Jugendpflege kontrolliert nicht, verschleiert nicht – sie tut einfach nichts« (*Aly*, 1977, S. 8 f.).
Aly kommt es darauf an, die Ziellosigkeit und damit Wirkungslosigkeit der landläufigen Jugendarbeit aufzuzeigen. Für unseren Gedankengang ist dagegen festzuhalten, daß und warum diese Wirkungslosigkeit überhaupt möglich ist. Denn andere Sozialisationsinstanzen (die Familie oder die Gruppe der Gleichaltrigen) sind nicht dadurch wirkungslos, daß sie dem Jugendlichen gegenüber ziellos und chaotisch sind. Sie haben auch gerade dann ihre (oft fatalen) Wirkungen. Jugendarbeit dagegen kann als Sozialisationsinstanz überhaupt nur in zweiter Linie wirksam werden. Sie wirkt nicht schon durch ihre bloße Existenz (in welchem Sinne auch immer), sondern erst durch das, was sie tut. Genauer gesagt: Durch das, was sie anbietet, denn – ebenfalls im Unterschied zu allen primär wirksamen Sozialisationsinstanzen – kann Jugendarbeit nur über ein Angebot, das von den Jugendlichen jederzeit wieder abgelehnt werden kann, wirksam werden.
Diese Überlegungen laufen nicht darauf hinaus, daß Jugendarbeit für Arbeiterjugendliche zwangsläufig und immer nur marginale Bedeutung haben muß. Wir betonen vielmehr, daß sich diese Bedeutung nur sekundär ergeben kann, dann nämlich, wenn die subjektiven Reaktionen und Verarbeitungsformen, mit denen die Jugendlichen den primären Instanzen ihrer Lebenswelt begegnen, und die Angebote der Jugendarbeit, einander korrespondieren.
Diese potentielle – aber immer erst zu aktualisierende – Bedeutung der Jugendarbeit ist nach *Aly* gerade für Arbeiterjugendliche heute sehr hoch. Diese Jugendlichen leben in einem weitgehend »verödeten« Erziehungsfeld (a. a. O., S. 125). Die familiäre und elterliche Erziehung wird immer früher beendigt (vgl. auch *Ziehe*, 1975, bes. Teil 6, S. 133 ff.), die volle Anerkennung und Belastung als Erwachsener immer mehr hinausgezö-

gert, so daß dazwischen ein Vakuum von »Nichterziehung« und »Alleinelassen« entsteht (vgl. *Aly*, 1977, S. 123). Die einzige Antwort, welche diese Jugendlichen auf ihre subjektiven Reaktionen und Verarbeitungsformen dieser Situation erhalten, geht von der »brutale(n) Grenze staatlicher Gewalt« aus, die als »einzige pädagogische Instanz bleibt« (ebd., S. 123). »Sie tritt den Jugendlichen in unseren Jugendheimen gegenüber als akutes Schulversagen, Konflikte mit der Straßenverkehrsordnung, das Kennenlernen der Ausnüchterungszelle, des Arbeitsamtes, des Jugendgefängnisses oder als der sang- und klanglose Verlust von Arbeits- und Lehrstellen« (ebd., S. 125). Nicht in der Jugendarbeit, sondern in der Erfahrung dieser Grenze, mit der jeder Arbeiterjugendliche direkt oder über seine Freunde in Berührung kommt, finde repressive Anpassung der Jugendlichen statt (vgl. ebd., S. 123). Die potentielle Bedeutung der Jugendarbeit oder der »öffentlichen Erziehung« (S. 125 f.) sei daran zu messen, welche Alternativen sie den Jugendlichen zu dieser »Erziehungs«wirklichkeit bietet.
Wichtig an dieser Position *Alys* scheint uns zu sein, daß er die Frage nach der möglichen Wirksamkeit von Jugendarbeit nicht mehr per se zu beantworten sucht, also nicht mehr fragt, ob sie nur »Anpassung« oder auch »Emanzipation«, »Aufklärung«, »politisches Bewußtsein« etc. bewirken könne. Denn diese Frage unterstellt schon, daß Jugendarbeit überhaupt als autonome Erziehungsinstanz (als gleichsam »zuständig« für den Bereich politische Erziehung) wirksam werden könne. Dieselbe Unterstellung macht *Giesecke* und mit ihm viele »fortschrittliche« Praktiker und Theoretiker der Jugendarbeit, mit der Auffassung, Jugendarbeit werde als »Gegenbild zur Alltagswirklichkeit der an ihr beteiligten jungen Leute« wirksam (*Giesecke*, 1964. S. 19). *Aly* macht demgegenüber deutlich, daß die reale Wirksamkeit (oder Unwirksamkeit) von Jugendarbeit weder von ihren gesellschaftlichen »Funktionen« noch von ihren politischen Intentionen her erfaßbar ist, sondern nur von den alternativen Möglichkeiten her, die sie im Lebensfeld der Jugendlichen zu schaffen vermag. Gerade weil Jugendarbeit im Lebensfeld der Jugendlichen per se ohne Stellenwert ist, kann sie nur dadurch Wirkung erlangen, daß sie und soweit sie dies Lebensfeld selbst durch ihre Angebote beeinflussen kann. Die entscheidende Frage aber ist, ob und in welchem, sei es auch bescheidenen Maße die Jugendarbeit, d. h. die Jugendarbeiter, solche Angebote zur Verfügung haben. *Götz Alys* Antwort auf diese Frage ist einfach – zu einfach, wie uns scheint: Er *fordert* das Angebot von den Jugendarbeitern. Angesichts des »verödeten« Erziehungsfeldes der Jugendlichen verlangt er von den Jugendarbeitern, dies Feld zu übernehmen: »Eine solche Erziehung braucht Erzieher, Erwachsene, öffentliche Väter und Mütter, die bereit sind, die Jugendlichen nicht vor der Wirk-

lichkeit zu schützen, sondern sie damit zu konfrontieren. ... Die Erzieher müssen die Verantwortung für das Erwachsenwerden der Jugendlichen ohne Skrupel übernehmen ... Dazu gehört aber auch Liebe, die Bereitschaft, das Leben der anvertrauten Jugendlichen im Ernst zu teilen« (A. a. O., S. 126 f.).
Woher aber das alles nehmen und nicht stehlen? Unsere Argumentation würde sich hoffnungslos im Kreis bewegen, wenn wir uns an dieser Stelle begnügen würden, Forderungen aufzustellen, die die Jugendarbeit erfüllen soll, ohne uns um die äußeren und inneren Bedingungen zu kümmern, die aus dem »Sollen« ein »Können« machen.
Wir befassen uns im folgenden mit den Bedürfnissen von Jugendarbeitern und deren Befriedigungsmöglichkeiten nicht nur deshalb, weil sie de facto die Jugendarbeit entscheidend mitbestimmen (s. o.). Vielmehr hängt von der Art dieser Bedürfnisse und dem Verhältnis zu ihren Befriedigungsmöglichkeiten ab, ob überhaupt und mit welchen alternativen Angeboten Jugendarbeiter in die Lebenswelt von Arbeiterjugendlichen einzugreifen vermögen.

4.3. Zur Lebenssituation von Jugendarbeitern

Wenn in der bisherigen Literatur von einer Jugendarbeit die Rede ist, die an den Bedürfnissen anknüpft bzw. sich an diesen »orientiert«, so sind damit immer – und allein – die Bedürfnisse von Jugendlichen gemeint. Wir sind jedoch darüber hinausgehend der Meinung, daß auch die Bedürfnisse und insbesondere auch die Interessen – hier verstanden als die entfremdeten Bedürfnisse (vgl. *Heller* 1976, S. 65 ff.) – der Sozialarbeiter berücksichtigt werden müssen, wenn von einer bedürfnisorientierten Jugendarbeit die Rede ist. Das soll nicht deshalb geschehen, weil nun etwa nicht mehr die Bedürfnisse der Jugendlichen, sondern die der Sozialarbeiter die Jugendarbeit bestimmen sollen, sondern weil wir glauben, daß in der Realität die Bedürfnisse und Interessen der Jugendarbeiter immer die Jugendarbeit mitbestimmen. Es kommt also darauf an, nicht so zu tun, als wäre der Jugendarbeiter allein der Vollstrecker bedeutsamer und anerkennenswerter pädagogischer Prinzipien oder bloßer Agent gesellschaftlicher Leitvorstellungen, sondern gerade weil die Arbeit des Pädagogen auch in der entfremdeten Arbeitssituation niemals vollständig determiniert werden kann, bleibt ihm immer die Möglichkeit, auch seine Bedürfnisse und Interessen ins Spiel zu bringen – und er wird sie sicherlich häufig auch unbewußt einbringen. Soll sich die Jugendarbeit primär an den Bedürfnissen der Jugendlichen orientieren, so ist es deshalb von großer Bedeutung, daß der Jugendarbeiter in der Lage ist, seine Bedürfnisse und Interessen zu erkennen, zu respektieren und sich ihre Bedeutung für seine Arbeit bewußt zu machen.

Es ist allerdings an dieser Stelle schwierig, genaue Analysen der Lebenssituation der Jugendarbeiter durchzuführen, weil unseres Wissens hierzu – bezogen auf die folgenden Probleme – nahezu keine Literatur vorliegt [1]. Unsere Feststellungen behalten deshalb – in noch stärkerem Maße als im vorhergehenden Abschnitt über die Arbeiterjugendlichen – den Charakter von Hypothesen. Folgende Thesen sollen hier festgehalten werden:

- Die Jugendarbeiter sind Lohnarbeiter. Dadurch sind sie – wie alle diejenigen, die ihre Arbeitskraft verkaufen – an einem möglichst guten Preis für die Arbeitskraft interessiert. Aber bereits dadurch geraten sie in mehrere Widersprüche: Erstens sind höhere Löhne und größerer Einfluß im Rahmen der Jugendarbeit daran gebunden, Verwaltungstätigkeiten zu übernehmen. Da diese Verwaltungsfunktionen zudem immer von übergeordneten Verwaltungsinstanzen vergeben werden (wobei kein Unterschied besteht, ob es sich um kommunale oder Verwaltungen sog. freier Träger handelt), steht der Jugendarbeiter unter dem Zwang zur Anpassung an die Forderung der Verwaltung nach »angemessenen« Formen der Jugendarbeit. Er muß also mit dem Widerspruch zwischen verwaltungsmäßig erwünschter Arbeit und (aufgrund seiner Einsicht) erforderlicher Arbeit leben. Zweitens drückt sich dieser Widerspruch darin aus, daß »höhere« Tätigkeiten (sowohl im finanziellen Sinne als auch bezüglich der Stellung innerhalb der bürokratischen Verwaltung) nicht gleichbedeutend sind mit mehr Sinn in dieser Tätigkeit. Im Gegenteil kann gerade der Aufstieg in der Hierarchie, mit seiner Entfernung von der praktischen Arbeit mit den Jugendlichen und seiner Einbindung in vorgegebene Arbeitsvollzüge, den Sinn seiner Arbeit zerstören, wenn der Jugendarbeiter die Bedürfnisse der Jugendlichen ernst nehmen will, weil er diese in seiner neuen Stellung gar nicht mehr kennenlernen kann.
- Indem er dem Zwang zur Anpassung nachkommt, ist der Jugendarbeiter nicht allein formal, sondern auch inhaltlich in seiner Arbeit festgelegt durch die pädagogischen Maximen und weltanschaulichen Vorstellungen seines Anstellungsträgers, bei dem er in einem Lohnarbeitsverhältnis steht, und der in der Regel auch versucht, seine Anschauungen durch bürokratische Kontrollen durchzusetzen. Akzeptiert er – aufgrund seiner Einsichten in der gemeinsamen Arbeit mit den Jugendlichen – diese Festlegungen nicht, sondern riskiert er, von ihm

1 Hingewiesen sei hier auf *Lingesleben*, 1968; *Helfer*, 1971; *Knieschewski*, 1978; die sich allerdings mit anderen als den hier behandelten Problemen befassen.

als sinnvoll erkannte Arbeit auch *gegen* vorgegebene Reglementierungen, so gefährdet jede seiner Aktivitäten die Möglichkeit, weiterhin entsprechend den Bedürfnissen der Jugendlichen zu arbeiten.

- Wenn auch der Jugendarbeiter in der bürokratischen Hierarchie der Jugendarbeit das letzte Glied ist, also eigentlich ausführendes Organ der Vorstellungen seiner Vorgesetzten sein soll, so besteht dennoch in der konkreten praktisch-pädagogischen Tätigkeit immer zugleich auch die Möglichkeit zur Eigeninitiative und zur Einbringung eigener Vorstellungen, weil die Fremdbestimmungen der Arbeit im Bereich der Erziehung nicht vollkommen sein können (vgl. *Huisken*, 1972, S. 286 ff.).
- Diese Spielräume für Eigeninitiative beruhen allerdings nicht allein auf der Unmöglichkeit, pädagogische Arbeit vollkommen unter bürokratische Kontrolle zu bringen. Vielmehr könnte die Jugendarbeit ihre besondere Reproduktionsfunktion im Freizeitbereich nicht erfüllen, wenn sie den Jugendlichen – und damit auch den Mitarbeitern – nicht etwas mehr Spielraum für Bedürfnisentfaltung zugestände, als die anderen zentraleren Sozialisationsinstanzen. Gerade dieser Spielraum soll es der Jugendarbeit ermöglichen, die Defizite zu kompensieren, die der Jugendarbeit von anderen Sozialisationsinstanzen gleichsam übrig gelassen werden.
- Dadurch aber steht der Jugendarbeiter bezüglich seiner Arbeit unter einem dauernden doppelten Legitimationsdruck. Er muß einerseits seine Existenzberechtigung gegenüber und im Vergleich mit anderen Sozialisationsinstanzen, wie auch gegenüber den »vorgesetzten« Instanzen (»freien« Trägern, Kommunen u. a.) nachweisen. Dies gelingt ihm vor allem dann, wenn er zeigen kann, daß durch seine Arbeit potentielle Konflikte der Jugendlichen mit gesellschaftlichen Gruppen (Parteien, Bevölkerungsgruppen, Vereine etc.) vermieden, bzw. ihre Austragung durch Polizeieinsatz und Jugendgerichtsbarkeit verhindert wird. Andererseits muß er den Nachweis erbringen, daß seine Arbeit real den Bedürfnissen der Jugendlichen entspricht. In keinem sozialen Arbeitsfeld wird die Frage »Wofür wirst du eigentlich bezahlt?« so häufig gestellt wie im Feld der Jugendarbeit.
- Die Arbeit erfordert vom Jugendarbeiter also nicht allein ein Eingehen auf vorgeschriebene Regelungen, sondern zugleich ein konkret-inhaltliches Ausfüllen dieser Regelungen nach situationsabhängigen, eigenen Interpretationen. Diese Interpretationen sind abhängig von seinen theoretischen Fähigkeiten zur analytischen Durchdringung der Situation, von seiner Handlungskompetenz, seiner politischen Orientierung und seinen Bedürfnissen.

– Der Jugendarbeiter erwirbt die Fähigkeit zu theoretischer Analyse sowie seine »professionellen« Leitbilder im Rahmen seiner Ausbildung – oder soll dieses zumindest. Diese Ausbildung, für die der Jugendarbeiter einen großen Teil seines Lebens verwendet hat, prägt seine Lebenssituation in erheblichem Maße. Sie verändert sein Bewußtsein und auch seine Bedürfnisse. Entstammt der Jugendarbeiter denselben Lebensverhältnissen wie die Jugendlichen, so können deren Bedürfnisse ihm im Verlauf der Ausbildung fremd werden, er kann sie verleugnen und verdrängen, um die drohende Gefahr einer gespaltenen Identität abzuwehren (vgl. *H. Ortmann*, 1971, S. 127 ff.). Entstammt er bürgerlichem Milieu, so kann seine Ausbildung klassenbedingte Vorurteile verstärkt haben und sein Wissen als Herrschaftswissen Verwendung finden. Andererseits enthält die Ausbildung jedoch auch die Chance selbstreflexiver Erkenntnis, in der der angehende Sozialarbeiter nicht nur die historische und gesellschaftliche Bedingtheit seines zukünftigen Arbeitsfeldes, sondern auch die seiner eigenen Erkenntnis zu begreifen und damit zu transzendieren lernen kann (vgl. *Schülein*, 1977, S. 86).

Die Lebenssituation des Jugendarbeiters – obwohl auch er lohnabhängig Arbeitender ist – unterscheidet sich also wesentlich von der des Arbeiterjugendlichen, vor allem weil seine Arbeit ihrer Form nach nicht in gleicher Weise detailliert fremdbestimmt werden kann. Ihm bleibt – auch bei rigider Bevormundung seiner Arbeit – die Möglichkeit, eigene Bedürfnisse, Interessen und pädagogische und politische Vorstellungen in die Arbeit einzubringen. Dabei wird er in je unterschiedlicher Weise dem Zwang zur Legitimierung gegenüber anderen Sozialisationsinstanzen (bezüglich seines Erziehungserfolges), gegenüber »vorgesetzten Instanzen« (bezüglich der Durchsetzung von Verbandszielen und der Erzielung von »Ruhe und Ordnung«), gegenüber den Bedürfnissen der Jugendlichen (bezüglich ihrer freundlichen Anteilnahme) und gegenüber seiner fachlichen Kompetenz und politischen Orientierung aufgrund seiner professionellen Erziehungsvorstellungen entsprechen müssen.

Um diese unterschiedlichen Legitimationsprobleme überhaupt durchstehen zu können, bedarf der Jugendarbeiter der theoretischen Durchdringung seiner Arbeit. Sein Bedürfnis, als Lohnabhängiger selbstbestimmt und kreativ tätig sein zu können, kann nur erfüllt werden, wenn er in praktischer, aber zugleich theoretisch reflektierender Weise seine Handlungsmöglichkeiten innerhalb der Institution, in der er arbeitet, erkunden kann. Seine »Liebe zum Beruf« wird erst möglich, wenn er auch theoretisch in der Lage ist, sein Handeln innerhalb der unterschiedlichen Legitimationsanforderungen zu analysieren und er dabei den Eindruck

gewinnen kann, etwas für sich und seine Zielvorstellungen Angemessenes geleistet zu haben.
Damit aber wird nochmals unser bereits formuliertes Problem deutlich: Der Jugendarbeiter ist nicht der Vollstrecker höherer pädagogischer Ziele, und seine Versuche, entsprechend den Bedürfnissen der Jugendlichen Jugendarbeit zu betreiben, können nicht losgelöst von seiner eigenen Arbeitssituation, seinen Legitimationsproblemen und seinen Bedürfnissen verstanden werden. Gleichzeitig aber wird auch deutlich, daß der Jugendarbeiter, für den die Probleme seiner Tätigkeit offenkundig sind, nicht allein auf materielle Mittel im Rahmen seiner Arbeit angewiesen ist, sondern daß er auch ein Bedürfnis entwickeln wird, seine Arbeit und deren Möglichkeiten theoretisch zu durchdringen, um die teilweise verdeckten Zusammenhänge durchschauen zu können, die zwischen den Bedürfnissen der Jugendlichen und den Restriktionen für ihre Befriedigung, die aus der Arbeitssituation und den Bedürfnissen des Jugendarbeiters resultieren, bestehen.
Dies aber bedeutet, daß die theoretische Durchdringung des Feldes der Jugendarbeit und auch der Arbeits- und sonstigen Lebenssituation der Arbeiterjugendlichen zunächst als ein Bedürfnis des *Jugendarbeiters* begriffen werden muß. Die Frage, inwieweit auch die Jugendlichen ein Bedürfnis nach Erkenntnis ihrer eigenen Lebenssituation haben bzw. entwickeln können, steht im Rahmen der Jugendarbeit erst an zweiter Stelle (auch wenn programmatische Äußerungen immer Gegenteiliges suggerieren!).

4.4. Exkurs: Bedürfnisse, Selbstausbeutung und Bezahlung des Jugendarbeiters

Aufgrund seines (Selbst)Anspruches, sich an den Bedürfnissen der Jugendlichen in seiner Arbeit zu orientieren, steht der Jugendarbeiter in dem ständigen Konflikt zwischen der Anerkenntnis aller Anforderungen der Jugendlichen und seinen vorhandenen arbeitsmäßigen Möglichkeiten. Obwohl gerade die vergleichsweise unklar bleibende Trennung zwischen Beruf und Freizeit dem Sozialpädagogen als eine Folge seiner Liebe zum Beruf ein hohes Maß an nicht entfremdeten Momenten in der Arbeit sichert, enthält sie andererseits auch ein Moment der Selbstausbeutung.
Der aufopfernde Arbeitseinsatz vieler Jugendarbeiter, der wegen der damit einhergehenden Überlastung in einer hohen Stellenfluktuation seine Kehrseite hat, läßt sich nicht hinreichend psychologisch (»Helfersyndrom«) erklären. Wichtiger scheint uns, daß Jugendarbeit als Hilfe zu und Mitarbeit an der Reproduktion des individuellen Lebens immer Elemente

enthält, die den Charakter unbezahlter Zusatzarbeit haben.

Wir haben oben auf die Ähnlichkeit von Jugendarbeit mit der Hausfrauenarbeit hingewiesen. Hausfrauenarbeit ist gesellschaftlich notwendige Arbeit, notwendig zur Reproduktion des Arbeitsvermögens, aber gleichwohl unbezahlte Arbeit [1] – sie wird getan »nur aus Liebe«. Es handelt sich um relativ weniger entfremdete Arbeit, sofern sie unmittelbar auf die Befriedigung von Bedürfnissen der Familienangehörigen gerichtet ist, also der Befriedigung von Bedürfnissen dient, die in ihrer Konkretheit bekannt sind und eindeutig Personen zugehören, zu denen eine intensive Beziehung existiert. Indem in der Hausarbeit unmittelbar Bedürfnisse anderer befriedigt werden, werden auch die eigenen Bedürfnisse nach produktiver Tätigkeit befriedigt (selbst wenn diese Befriedigung auch masochistische Züge tragen sollte). Diese Feststellung bedeutet aber nicht, daß – trotz dieser nicht entfremdeten Elemente – diese Arbeit ohne Frustrationen wäre. Weil nämlich diese Elemente der nicht entfremdeten Arbeit immer nur im Kontext einer entfremdeten Arbeits- und Bedürfnisbefriedigungsstruktur ihren Stellenwert erhalten, bleibt dieser Arbeit – bei aller ideologischen Verbrämung der Hausfrau- und Mutterrolle – die gesellschaftliche Anerkennung versagt, die in einer entfremdeten Produktionsstruktur eben in dem Geld besteht, mit dem die Arbeit »entlohnt« wird. Außerdem ist Hausarbeit – ebenso wie Jugendarbeit – nicht allein und immer befriedigende Tätigkeit, sondern gerade das Aufräumen, Nachwischen usw. ist im einen, wie im anderen Fall frustrierend.

Jugendarbeit ist im Gegensatz zur Hausarbeit bezahlte Arbeit. Aber »wofür wird der Jugendarbeiter eigentlich bezahlt«? Seine Leistungen sind – wie oben dargelegt – auch innerhalb bürokratischer Regelungen nicht eindeutig festzulegen; die Menge seiner Leistungen kann – abgesehen von den sichtbaren Aufräumungsarbeiten – nicht eindeutig bestimmt werden. Worin aber besteht dieser unsichtbare Teil der Arbeit? Eine Gruppe Frankfurter Sozialarbeiterinnen, die sich auch mit den Entsprechungen von Hausarbeit und (weiblicher) Sozialarbeit beschäftigen, hat diesen Teil der Arbeit »Gefühlsarbeit« genannt (vgl. Sozialarbeiterinnengruppe, 1978). »Mit dem Begriff der *Gefühlsarbeit* meinen wir, daß wir institutionell und gegen Lohn unsere *psychischen* Reproduktionsfähigkeiten zur Verfügung stellen und perfektionieren« (ebd., S. 24; Hervorh. im Orig.). Diese Gefühlsarbeit ist schwer als Arbeit legitimierbar, wird sie

1 Wir sind uns der Tatsache bewußt, daß die Hausfrauenarbeit im gesellschaftlichen Durchschnitt zu den im Lohn des Mannes mitbezahlten Reproduktionskosten der gesellschaftlichen Arbeitskraft gehört. Dennoch erhält innerhalb der Lebensgemeinschaft »Familie« die Frau für ihre Hausarbeit keine explizite Entlohnung; sie leistet als Individuum unbezahlte Arbeit.

doch z. B. gerade innerhalb der Familie als unbezahlbarer Teil der Reproduktion angesehen (weshalb ja bekanntlich die Frauen ins Haus gehören!). Aus diesem Grunde wird auch immer wieder – insbesondere aus konservativen Kreisen – hervorgehoben, daß Jugendarbeit eigentlich viel besser durch »Ehrenamtliche« zu erledigen sei. Diese nämlich – so kann man hier festhalten – leisten die Gefühlsarbeit in der Tat unentgeltlich (und sind damit eine Bastion herrschender Ideologie, die sich gegen die Einsicht wehrt, daß in unserer Warengesellschaft auch Gefühle gegen Geld getauscht werden). Bezahlt wird andererseits der professionalisierte »Ersatz« von Gefühlsarbeit, wenn der Aufstieg »von der Erzieherin zur Therapeutin« (ebd.) geschafft worden ist.

Damit wird deutlich, daß der Jugendarbeiter in einer darstellbaren Skala von der (völlig unprofessionellen) Hausfrau (und Mutter) zum (völlig professionalisierten) Therapeuten eine Mittelstellung einnimmt. Er wird zwar bezahlt, aber seine Gefühlsarbeit ist nicht hoch professionalisiert. Gleichwohl wird diese Gefühlsarbeit vom Jugendarbeiter erwartet, auch wenn sie in Dienstverträgen nicht als zu erbringende Leistung vermerkt ist (aber »ein Herz für die Jugend« muß der Jugendarbeiter denn doch schon haben). Aber eben weil sie nicht als Bestandteil der vertraglichen Regelungen auftaucht (oder auftauchen kann), wird dieser Bestandteil der Arbeit nicht als Arbeit bewertet.

In ähnlicher Weise wie die vorgesetzten Dienststellen verhalten sich auch die Jugendlichen gegenüber der Gefühlsarbeit. Möglicherweise wird diese Gefühlsarbeit mit Zuneigung und Vertrauen belohnt – aber als Arbeit anerkannt wird sie auch von dieser Seite nicht. Denn diese Arbeit – dableiben, zuhören, Krach aushalten, Spannungen ertragen, ermutigen usw. usw. – muß gerade gegenüber den Jugendlichen den Eindruck erwecken, nicht Arbeit, sondern Zuwendung aus freiem Bedürfnis zu sein. Würde der Eindruck von Arbeit entstehen, so wäre genau die »persönliche Beziehung«, die Grundlage der Bearbeitung gemeinsam interessierender Probleme ist, gestört. Jeder Jugendlicher müßte erfahren, daß er nicht als Individuum, sondern quasi als Werkstück einer Reproduktion lebenstüchtiger Personen begriffen würde. Anders: Jugendarbeit, die individualisierend auf die Probleme und Nöte der Jugendlichen eingehen will, bedarf der Gefühlsarbeit, solange sie alltagsorientiert (vgl. *Thiersch*, 1978) arbeiten will.

Auch für den Jugendarbeiter selbst ist dieser Teil seiner Arbeit nicht eindeutig »als Arbeit« zu identifizieren, es sei denn aus der Erschöpfung heraus, die diese Arbeit hinterlassen kann. Ist es Arbeit, sich persönlich für die Jugendlichen und ihr Leben zu interessieren, ihnen Wärme und Zuwendung zu geben, Teile der eigenen Freizeit mit ihnen zu verbringen, sich in Krisensituationen aus dem Schlaf klingeln zu lassen und sich eine Nacht um die Ohren zu schlagen? Oder ist es Äußerung der eigenen Bedürfnisse des Jugendarbeiters, Ausdruck von Freundschaft?

»Die Gefühlsarbeit der Frau in der Familie gilt deshalb nichts, weil sie ihrem Wesen nach Liebe ist« (ebd., S. 31). Auch die Arbeit des Jugendarbeiters gilt – unter dem Gesichtspunkt ihrer Entlohnung – nichts, soweit sie Gefühlsarbeit ist. Forderungen, diese Arbeit zu entlohnen, haben deshalb – auch wohl in den Augen der Jugendlichen, denen sie gilt – das Odium, das »bezahlter Liebe« anhängt.

Wir haben gesagt, daß die Arbeit des Jugendarbeiters Elemente unbezahlter Zusatzarbeit enthalte, und meinten damit diese Gefühlsarbeit. Diese Aussage muß ebenso präzisiert werden, wie die gegenteilige der Frankfurter Sozialarbeiterinnen, die von Gefühlsarbeit »gegen Lohn« sprechen. Selbstverständlich sprechen wir hier von »unbezahlter Zusatzarbeit« *nicht* im Begriffsinne Marxscher Mehrwerttheorie. Wir meinen auch nicht einfach die Tatsache, daß diese »Gefühlsarbeit« im wesentlichen die Ursache dafür ist, daß Jugendarbeiter unbezahlte Überstunden machen, auch wenn diese Tatsache ein wichtiger Hinweis ist. Vielmehr geht es uns darum, den Widerspruch verständlich zu machen, der darin besteht, daß Jugendarbeit – wie Sozialarbeit überhaupt – einerseits Lohnarbeit ist, andererseits Elemente enthält, die als konkreter Gegenstand von Lohnarbeit gar nicht recht faßbar sind. Faßbar dagegen sind die Folgen dieses Widerspruchs für den Jugendarbeiter (die sich natürlich in andern sozialen Berufen ebenso, wenn auch weniger zugespitzt zeigen). Von seiten der Anstellungsträger kommt er unter Druck, weil von ihm die positiven Folgen einer Arbeit erwartet werden, die *als Arbeit* weder sichtbar ist, noch honoriert wird, die im Gegenteil große Gefahren für den Jugendarbeiter in sich bergen kann, dann nämlich, wenn er in der Gefühlsarbeit »zu weit« geht, d. h., die Phantasietätigkeit von Nachbarn oder CDU-Gemeinderäten zu sehr anregt. Von seiten der Jugendlichen kommt der Jugendarbeiter unter Druck, weil für sie wesentliche Teile seiner Arbeit nicht als Arbeit erkennbar sind. Sich selbst setzt der Jugendarbeiter unter Druck, gerade dann, wenn er eigene Gefühle und Bedürfnisse in die Arbeit investiert, weil er die Notwendigkeit einer Trennung zwischen Arbeit und Freizeit, anders gesagt, die Notwendigkeit, eine Selbstausbeutung der eigenen Bedürfnisse in Grenzen zu halten, erst dann begreift, wenn er am Zusammenklappen ist.

Gerade für fortschrittliche Jugendarbeiter ist diese Notwendigkeit schwer zu realisieren, weil sie ja wie eine Parteinahme für eine entfremdete Arbeitsbeziehung erscheint, in der Lohnarbeit und Bedürfnisbefriedigung voneinander getrennt sind.

4.5. Das Verhältnis von Arbeiterjugendlichen und Jugendarbeitern zueinander

Bereits die bisherige Beschreibung der Lebenssituation von Arbeiterjugendlichen und Jugendarbeitern hat gezeigt, daß die Bedeutung der beiden Gruppen füreinander sehr unterschiedlich sind. Während in der Beschreibung der Lebenssituation von Arbeiterjugendlichen die Jugendarbeiter keine Bedeutung hatten, ist die berufliche Situation der Jugendarbeiter nur beschreibbar, wenn man zugleich den Bezug zu den Arbeiterjugendlichen herstellt. Das heißt mit anderen Worten, daß der Stellenwert, den sie wechselseitig in ihrer jeweiligen Lebenslage füreinander einnehmen, nicht derselbe ist.

Sozialpädagogen in der Jugendarbeit haben keinen Stellenwert in der Lebenswelt der Jugendlichen, es sei denn, sie »tun etwas«, das diesen Stellenwert erst erzeugt; anders als Lehrmeister, Eltern, Lehrer, peer-groups usw., die ihr Gewicht in dieser Welt haben, egal was sie tun.

Der Stellenwert der Jugendlichen für den Jugendarbeiter ist dagegen ganz anders. Er begegnet ihnen an seinem Arbeitsplatz – und wird sie häufig, wenn er »etwas tut«, in seiner Freizeit nicht recht los. Zwar sind die Fälle selten geworden, in denen die Jugendlichen reale Mitbestimmung bei der Einstellung von Jugendarbeitern und der Kontrolle ihrer Tätigkeit ausüben können, ebenso wie nicht die Jugendlichen, sondern eine Bürokratie die äußeren Bedingungen des Arbeitsplatzes bestimmt. Trotz der unterschiedlichen Rahmenbedingungen aber sind es letztendlich doch die Jugendlichen, die darüber entscheiden, ob ein Jugendarbeiter das Gefühl haben kann, sinnvolle und erfolgreiche Arbeit zu leisten, ob er seine Fähigkeiten entfalten, seine Bedürfnisse nach Solidarität, emotioneller Sicherheit und Kommunikation befriedigen kann, oder ob er sich in einen sinnlosen Trott fehl am Platz und einsam fühlt [1].

Es hängt also in der Tat sehr viel davon ab, ob der Jugendarbeiter in der Lage ist, das unmittelbare Verhalten der Jugendlichen zu verstehen. Ebenso wichtig ist, daß er die Bedingungen verstehen kann, unter denen und aufgrund derer die Jugendlichen so handeln, wie sie es tun. Um dies leisten zu können, ist der Jugendarbeiter in unmittelbarer Weise auf eine theoretische Durchdringung seines Arbeitsfeldes angewiesen (vgl. dazu die Überlegungen in Abschnitt 5).

Die Differenz bezüglich des wechselseitigen Stellenwertes von Jugendar-

1 Wir sind uns bewußt, daß häufig die institutionellen Rahmenbedingungen bereits Solidarität, Kommunikation etc. verhindern können. Andererseits aber genügen gute Rahmenbedingungen eben nicht, damit der Jugendarbeiter seine Liebe zum Beruf befriedigen kann.

beit für die Bedürfnisbefriedigung von Jugendlichen und Jugendarbeitern scheint uns auch ein wesentlicher Grund zu sein, warum es so schwierig ist – trotz aller guten emanzipatorischen Absichten – die Bedürfnisse der Jugendlichen wirklich zum Ausgangspunkt der Jugendarbeit zu machen; es sei denn, die Jugendarbeiter verzichten auf eine sinnhafte Zielbestimmung ihrer Arbeit und betreiben nur »sprunghafte, orientierungslose Gefälligkeits- oder Dienstleistungspädagogik« (vgl. *Liebel*, 1978, S. 23). Liebel hat aus dieser Schwierigkeit gefolgert, daß solidarisches Verhalten von Pädagogen in der Jugendarbeit nur möglich sei, wenn die Pädagogen bestimmte Grenzen ihrer Arbeit zu erkennen in der Lage sind.
Zum einen ergibt sich für ihn eine »Wahrnehmungs- und Verständigungsgrenze« (ebd., S. 25). Auch für den Pädagogen, der seine Praxis als »parteilich für die Interessen und Bedürfnisse für die Jugendlichen« (ebd., S. 23) verstehe, sei es unumgänglich, diese Bedürfnisse zu interpretieren (ebd.). Diese Interpretation enthalte aber »immer ein Stück bürgerlich-kleinbürgerlicher Bewertung« (ebd. S. 25) aufgrund einer unaufhebbaren relativen »Verständnislosigkeit«, welche »durch die weitgehend verschiedenen Lebensverhältnisse immer wieder reproduziert wird« (ebd.). Die Pointe von Liebels Aussagen besteht nicht darin, daß Bewertung und Vorverständnis des Pädagogen immer wieder kritisch zu hinterfragen seien (ohne Zweifel das auch), sondern daß es gerade konstitutiv für eine solidarische Praxis des Pädagogen sei, die Unvermeidlichkeit der je unterschiedlichen Bewertungen von Jugendlichen und Jugendarbeitern und der damit gegebenen eigenen Verständnisgrenzen zu erkennen. Diese Erkenntnis unterschiedlicher Bewertungen erst hat ein wirkliches Interesse des Pädagogen am Denken und Handeln der Jugendlichen und damit an einem »Dialog« mit ihnen zur Folge; gerade der Unterschied macht erst die Auseinandersetzung notwendig. Glaubt dagegen der Pädagoge auf Interpretation und Bewertung der Bedürfnisse Jugendlicher verzichten zu können oder zu müssen, so »kann nichts anderes als eine sprunghafte orientierungslose Gefälligkeits- oder Dienstleistungspädagogik herauskommen« (ebd., S. 23). Glaubt der Pädagoge umgekehrt, das Ergebnis seiner Interpretation mit den wirklichen, objektiven Interessen und Bedürfnissen der Jugendlichen gleichsetzen zu können, so kann dabei nolens volens nur »doktrinäre Trichterpädagogik« herauskommen, für die pädagogische Praxis auf eine »methodisch-didaktische Problemstellung« zusammenschrumpft, »wie ich die Jugendlichen dazu veranlassen kann, ein von mir im voraus gewußtes Interesse auch zu begreifen« (ebd., S. 24).
Unter »Verständnisgrenze« versteht *Liebel* offenkundig keine unverrückbare Kommunikationsbarriere zwischen den Jugendarbeitern und den Jugendlichen. Er sieht im Gegenteil in der Anerkennung dieser Grenze

den Ausgangspunkt für einen dialogischen Verständnisprozeß, der allerdings die Grenze nie ganz aufhebt, sondern immer auch von neuem produziert.

Analog zu dieser Verständigungsgrenze konstatiert *Liebel*, zum anderen, eine »Handlungsgrenze« für den Pädagogen. Diese Grenze einzuhalten unterscheidet nach *Liebel* eine »solidarische« von einer »pädagogisierenden« Erziehungspraxis (ebd., S. 28 ff.). »Unter pädagogisierender Praxis verstehe ich eine Tätigkeit, in der der Pädagoge sich selbst absolut setzt, sich als der überlegende Arrangeur, Superstratege begreift, der alles besser zu wissen und zu können behauptet. Die Konsequenz ist ein ausschließlich taktisches Verhältnis zu den Jugendlichen, in dem der Pädagoge keine eigenen Schwierigkeiten, Selbstzweifel zu erkennen gibt, keine emotionale Reaktion (z. B. Ärger) zeigt, bzw. solche Reaktionen nur instrumentell einsetzt, um die Jugendlichen einzuschüchtern etc.« (Ebd.).

Taktisches Verhältnis zu den Jugendlichen heißt, sie zu überlisten, ihre Bedürfnisse zu instrumentalisieren, d. h. als »Aufhänger« zu benutzen, um ihnen »ganz andere Dinge« unterzujubeln (vgl. ebd., S. 28), wobei sich dieses verdeckte Verhalten gegenüber den Jugendlichen sowohl in der Form opportunistischer Gefälligkeitspädagogik, wie doktrinärer Trichterpädagogik zeigen kann.

»Solidarische Praxis« charakterisiert *Liebel* demgegenüber so: »Auch der solidarische Erzieher hat bestimmte Grundauffassung von den Interessen und Bedürfnissen der Jugendlichen, er hat bestimmte Zielvorstellungen im Kopf. Entscheidend bei ihm ist freilich, daß er die Jugendlichen ernst nimmt, ihre Fähigkeiten anerkennt, von ihnen zu lernen bereit ist, sie nicht als nur zu ›behandelnde‹ Objekte als ein Bündel von Defiziten und Anormalitäten begreift. Sein Verhältnis zu den Jugendlichen ist durch absolute Offenheit bestimmt, er gibt Fehler zu, fährt mal aus der Haut, sagt, was er denkt, verleugnet nicht seine eigenen Interessen (auch da, wo sie zu den Jugendlichen in Widerspruch geraten). Er vertritt den Jugendlichen gegenüber einen Standpunkt, nicht um sie auf seine ›Linie‹ zu bringen, sondern sich für die Jugendlichen ›greifbar‹ zu machen, ihnen zu ermöglichen, sich mit ihm auseinanderzusetzen. Und er setzt sich selbst mit den Jugendlichen auseinander, sagt ihnen, was ihm mißfällt, was er falsch findet, kritisiert. Seine Kritik ist aber nie abwertend, sondern bringt gerade zum Ausdruck, daß er die Jugendlichen ernst nimmt, sich für ihr Leben, ihre Probleme, ihre Lebensperspektive interessiert und sich Gedanken macht, wie er die Jugendlichen unterstützen, ihre Probleme lösen helfen kann« (ebd., S. 29).

Damit läßt sich die Handlungsgrenze des Pädagogen, die er – neben den real existierenden Grenzen, daß nämlich Jugendarbeit weder ihre Probleme selbst schafft, noch daß sie alle im Rahmen der Jugendarbeit gelöst werden können – für sich zu beachten hat, dadurch beschreiben: er begrenzt seine (vermeintlichen und tatsächlichen) Handlungsmöglichkeiten gegenüber dem Jugendlichen so, daß er – auch dort wo er anders verfahren könnte – Jugendliche nicht als zu behandelnde Objekte betrachtet, sondern sowohl ihre Bedürfnisse ernst nimmt, als auch sich selbst nicht als Instrument von den der Jugendarbeit vorgegebenen Zielen und als Arrangeur pädagogischer Situationen mißversteht. Vielmehr kann es ihm gerade dadurch gelingen, »pädagogisch« erfolgreich eine an den Bedürfnissen der Jugendlichen orientierte Jugendarbeit zu machen, daß er als Individuum für die Jugendlichen verstehbar und als »Mensch« akzeptabel wird (vgl. *B. Müller*, 1978 a, S. 36 ff.). Das aber setzt voraus, daß er auch seine Bedürfnisse und Interessen in die Kommunikation mit den Jugendlichen einbringt, daß er sich mit den Jugendlichen auseinandersetzt, wie sie es als ernstgenommene Person erwarten können: nicht als Untergebene, sondern als Gleiche, nicht durch herabsetzende Kritik, sondern durch solidarische, nicht durch herablassende Hilfe, sondern durch engagierte gemeinsame Arbeit, nicht mit »Austricksen«, sondern durch ernsthafte Auseinandersetzung« usw. [1]

Liebels Grundregel für eine solidarische Pädagogik in der Jugendarbeit – so plausibel sie als solche ist – enthält allerdings zwei ungeklärte Punkte, die wir noch genauer betrachten wollen.

Zum einen setzt seine Forderung nach »absoluter Offenheit« gegenüber den Jugendlichen voraus, daß die Jugendarbeiter dazu auch fähig sind, daß sie also ihre eigenen Interessen, Bedürfnisse und Positionen den Jugendlichen gegenüber ins Spiel bringen können und zwar derart, daß diese Bedürfnisse sich nicht hinter irgendwelchen pädagogischen Intentionen verstecken, sondern für die Jugendlichen als persönliche Bedürfnisse offen erkennbar sind, so daß diese dazu Stellung nehmen können. Dies verlangt vom Jugendarbeiter ein beträchtliches Maß von Fähigkeit zur Selbstreflexion, sensibler Unterscheidung von eigenen und fremden Bedürfnissen sowie zur Artikulation der eigenen Bedürfnisse. Mit diesen Voraussetzungen ist aber die inhaltliche Reichweite der »absoluten Offenheit« noch nicht bestimmt. Gilt diese absolute Offenheit allein dort, wo es um die Lösung gemeinsam bearbeiteter Probleme geht (die dann meistens

1 Man kann bezweifeln, ob *Liebel* ein solches Verhältnis zwischen Pädagogen und Jugendlichen zu recht als Entpädagogisierung der Jugendarbeit bezeichnet. Inhaltlich ist er nicht weit entfernt von dem, was *H. Nohl* u. a. als das »pädagogische Verhältnis« beschrieben haben: »Die Grundlage einer Erziehung ist also das leidenschaftliche Verhältnis eines reifen Menschen zu einem werdenden Menschen, und zwar um seiner selbst willen, daß er zu seinem Leben und zu seiner Form komme« (*H. Nohl*, 1949, S. 134).

doch die Probleme der Jugendlichen sind) oder muß über diese Offenheit, die sozusagen die Umgangsformen bestimmt (Fehler zugeben, Emotionen zeigen usw.), hinausgehend auch bezüglich der den Jugendarbeiter beschäftigenden (persönlichen) Probleme Offenheit bestehen? Uns scheint, daß mit dieser Forderung nicht gemeint sein kann, daß der Jugendarbeiter das Recht habe, die Jugendlichen in der gleichen Weise mit seinen persönlichen Problemen zu belasten, wie das umgekehrt das Recht der Jugendlichen ist. Vielmehr tritt hier wiederum die oben skizzierte Gefühlsarbeit in den Vordergrund, die der Jugendarbeiter als Zusatzarbeit leisten muß, die den Jugendlichen nicht abverlangt wird, von diesen aber in bestimmten Situationen durchaus auch geleistet werden kann (so daß dann auch Hilfe für den Jugendarbeiter bei der Bewältigung seiner Probleme möglich wird).

Hierin zeigt sich zugleich eine andere Bedeutung der oben skizzierten »Verständigungs- und Handlungsgrenze« der Jugendarbeit. Diese Grenze schließt bezüglich der Aktivitäten des Jugendarbeiters immer auch ein Stück Bedürfnisverzicht ein, das dem Jugendarbeiter zugemutet werden muß und das er nicht dadurch umgehen kann, daß er die Forderung nach »absoluter Offenheit« zur Legitimation einer Flucht in falsche Kumpanei benutzt, die nur das Gegenstück des Rückzugs in rigide »pädagogisierende« Verhaltensweisen ist.

Der zweite Punkt betrifft die Frage, worin die Erklärungs- und Interpretationsaufgabe des Jugendarbeiters im Rahmen der von Liebel aufgezeigten prinzipiellen Grenze eigentlich besteht, und parallel dazu, worin die Handlungsaufgabe des Jugendarbeiters im Rahmen dieser Grenze besteht.

Liebel geht davon aus, es sei »offensichtlich« notwendig, daß sich der Jugendarbeiter die Bedürfnisäußerungen der Jugendlichen erklärt und interpretiert, »welche Bedürfnisse und Interessen in bestimmten Äußerungsformen zum Ausdruck kommen« (a. a. O., S. 23). Aus diesen Interpretationen ergeben sich auch spezifisch pädagogische Handlungsaufgaben, auf die Liebel inhaltlich nicht eingeht, da es ihm ja vor allem auf die oben dargestellte »Grenze« ankommt. Zur Begründung der Notwendigkeit der Interpretation greift *Liebel* auf die oben diskutierte Unterscheidung von Bedürfnisäußerungen und dahinterliegenden objektiven Interessen der Jugendlichen zurück. Wie wir zu zeigen versuchen, führt diese Unterscheidung in eine gedankliche Sackgasse und läuft auch der Intention des Liebelschen Aufsatzes zuwider, sofern sie die Grenze zwischen dem was wirklich Bedürfnis der Jugendlichen ist, und dem, was Pädagogen ihnen als Bedürfnis gern unterschieben wollen, nicht betont, sondern im Gegenteil gerade verwischt.

Wir werden deshalb im folgenden nicht davon ausgehen, daß sich die Interpretationsaufgabe des Jugendarbeiters auf die Differenz zwischen Bedürfnisäußerung und ihr zugrundeliegendem Bedürfnis der Jugendlichen bezieht. Die entscheidende Interpretationsaufgabe besteht vielmehr darin, den Zusammenhang zwischen geäußerten Bedürfnissen und verfügbaren Befriedigungsmöglichkeiten nicht nur zu verstehen, sondern auch zu erklären; die entsprechende pädagogische Handlungsaufgabe besteht nicht darin, Bedürfnisse der Jugendlichen zu verändern, sondern darin, alternative Befriedigungsmöglichkeiten anzubieten, die ihrerseits Raum für die Entwicklung neuer Bedürfnisse schaffen.
Wir wollen im folgenden versuchen, ausgehend von der zweiten Frage, die hier formulierten Probleme anzugehen.

5. Verstehen der Bedürfnisse und Handeln in der Jugendarbeit

5.1. Das Verhältnis von Bedürfnissen und Möglichkeiten der Befriedigung

Aufgrund unserer bisherigen Überlegungen, könnte der Eindruck entstehen, daß unsere Aussagen in sich widersprüchlich sind. Denn: Einerseits sind wir davon ausgegangen, daß Bedürfnisse als das Bewußtsein eines Mangels (vgl. *Satre*, 1967, S. 84) zu verstehen sind, d. h. daß Bedürfnisse immer auch bewußt sind. Andererseits aber haben wir darauf insistiert, daß nicht alle Aussagen, die Jugendliche über die erstrebten Mittel zur Befriedigung ihrer Bedürfnisse machen, ohne weiteres akzeptiert werden können. Warum ist es nicht ausreichend, diesen geäußerten Bedürfnissen der Jugendlichen im Rahmen der Jugendarbeit zu folgen?
Erstens ist festzuhalten, daß die Bedürfnisstruktur der Arbeiterjugendlichen durch ihre oben skizzierte Lebenssituation bestimmt ist. Sie sind nicht in der Lage, diese Lebenssituation derart zu verändern, daß sie damit auch ihre Bedürfnisse in jedem Falle befriedigen könnten. Diese Situation kann auch durch die Jugendarbeit grundsätzlich nicht verändert werden, denn wenn die Arbeitssituation fremdbestimmt bleiben muß, kann auch in der Freizeit diese Form der Bedürfnisunterdrückung durch Jugendarbeit für die Arbeiterjugendlichen nicht aufgehoben werden.
Zweitens wurde bereits ausgeführt, daß für die Arbeiterjugendlichen aufgrund ihrer Lebenssituation die Befriedigung bestimmter Bedürfnisse überhaupt unmöglich ist. Wenn ihnen nun aber bestimmte Mittel zur Befriedigung von Bedürfnissen permanent vorenthalten werden, so erscheinen diese den Jugendlichen soweit außerhalb ihres Handlungszu-

sammenhangs liegend, daß sie von diesen Mitteln und von den Möglichkeiten zur Befriedigung bestimmter Bedürfnisse überhaupt keine konkreten Vorstellungen entwickeln können [1]. Das bedeutet einerseits, daß sie keinen Versuch mehr unternehmen, diese Bedürfnisse auch zu befriedigen, andererseits aber zugleich, daß dieser Zustand dann gar nicht als Versagung bewußt wird, daß also kein Bewußtsein von den Bedürfnissen existiert; somit sind diese »Bedürfnisse« im oben definierten Sinne nicht als Bedürfnisse zu bezeichnen.

Damit aber wird ein neues Dilemma deutlich: Einerseits nämlich haben wir aus der bisherigen Beschreibung der Lebens- und Arbeitssituation der Arbeiterjugendlichen gesehen, daß aus ihr keine exakten Formulierungen über Bedürfnisse und insbesondere die Mittel zu ihrer Befriedigung hergeleitet werden können. Um Genaueres über Bedürfnisse zu erfahren, genügt aber andererseits auch nicht eine Verbesserung der empirischen Erhebungen bzw. Erhebungsverfahren, denn die Äußerungen von Arbeiterjugendlichen, in denen sie mitteilen, welche Bedürfnisse sie haben bzw. welche Mittel zur Befriedigung ihrer Bedürfnisse ihnen geeignet erscheinen, können sich immer nur auf die ihnen bekannten und bewußten Mittel zur Bedürfnisbefriedigung richten und verbleiben deshalb häufig im Stadium der Wiederholung gleicher Arten von Mitteln zur Bedürfnisbefriedigung (vgl. auch »Bedürfnis des Habens« [2]). Hier wäre dann für den Jugendarbeiter die Aufgabe, für die artikulierten Bedürfnisse andere Möglichkeiten einer Befriedigung aufzuzeigen. Es kann also in der Arbeit des Jugendarbeiters nicht darum gehen, andere Bedürfnisse »zu wecken« sondern »lediglich« bei bestehenden Bedürfnissen alternative Befriedigungsmöglichkeiten vorzuschlagen, so daß es zu einer Auseinandersetzung zwischen Jugendlichen und Jugendarbeitern über die erstrebenswerte Art der Bedürfnisbefriedigung kommt [3]. Über das Verfahren wird im nächsten Abschnitt zu sprechen sein; an dieser Stelle sei jedoch bereits darauf hingewiesen, daß es grundsätzlich unmöglich erscheint, in einer

1 Bekannt ist die Passage in Brechts Flüchtlingsgesprächen, in der Ziffel sich wundert, »warum die linken Schriftsteller zum Aufhetzen nicht saftige Beschreibungen von den Genüssen anfertigen, die man hat, wenn man hat«. Ziffel meint: »Die Unwissenheit über Steaks, Schuhe und Hosen ist eine doppelte: Sie wissen nicht, wie das schmeckt, und sie wissen nicht, wie sie das bekommen können, aber die Unwissenheit ist eine dreifache, wenn sie nicht einmal wissen, das es das gibt.« (Brecht, Werke, Bd. 14, S. 1393).

2 *A. Heller* schreibt: »Das Bedürfnis des *Habens* ist es, zu dem sich jedes Bedürfnis reduziert und das jedes Bedürfnis homogenisiert« (*Heller*, 1976, S. 62). Dieses Bedürfnis führt zugleich auch zu bestimmten Verhaltensweisen, die sich einerseits in der Anhäufung von Besitztümern, andererseits in einer Konsumenthaltung, die sich auch gegenüber kulturellen Gütern äußert (vgl. ebd. u. *Fromm*, 1960, S. 123).

3 An dieser Stelle wird deutlich, daß in der Auseinandersetzung über die Mittel zur Bedürfnisbefriedigung zwischen den Arbeiterjugendlichen und den Jugendarbeitern zwangsläufig wertende Elemente eingehen. Diese Problematik wird im folgenden näher zu untersuchen sein.

anderen Weise, als in Form einer dialogischen Auseinandersetzung über den Gegenstand, der als Mittel zur Bedürfnisbefriedigung dienen soll, eine Einigung zwischen Jugendlichen und Jugendarbeitern herbeizuführen.
Es sei auch nochmals betont, daß nach unserer Überzeugung Bedürfnisse, verstanden als das Bewußtsein eines Mangels, den Jugendlichen nicht ausgeredet oder gar neue und veränderte Bedürfnisse in ihnen geweckt werden können (ohne daß manipulativ in ihr Bewußtsein von der eigenen Lebenssituation eingegriffen würde), sondern daß die Auseinandersetzung allein um die Mittel geführt werden kann, die zur Befriedigung der Bedürfnisse dienen können. Diese Differenzierung ist keine Spitzfindigkeit, denn allein die Jugendlichen selbst haben das Bewußtsein des Mangels, können also ihre Bedürfnisse erkennen und wissen. Die Mittel, die zur Befriedigung dieser Bedürfnisse dienen können, sind allerdings nicht in jedem Fall den Jugendlichen bekannt. Der Jugendarbeiter ist also in der Lage, den Jugendlichen Mittel zur Befriedigung ihrer Bedürfnisse vorzuschlagen, ohne dabei in ihre Bedürfnisse selbst einzugreifen.

5.2. Wie kann der Jugendarbeiter an die Bedürfnisse der Jugendlichen anknüpfen?

Unsere bisherige Feststellung war, daß eine sich an den Bedürfnissen orientierende Jugendarbeit zwei Komponenten enthält: Einerseits ist sie kein Versuch, Bedürfnisse zu verändern, sondern lediglich der Versuch, den Arbeiterjugendlichen zur Befriedigung ihrer Bedürfnisse bestimmte Mittel vorzuschlagen. Andererseits ist aber gerade die Wahl der Mittel – wenn es sich (wie wir oben postuliert haben) um eine bedürfnisentwikkelnde Jugendarbeit handeln soll – wiederum eine entscheidende Voraussetzung dafür, daß die Befriedigung eines Bedürfnisses nicht primär und immer zu einer Wiederholung desselben Bedürfnisses nach derselben Befriedigungsmöglichkeit führt, sondern daß die Mittel für die Bedürfnisbefriedigung zugleich auch die Möglichkeit schaffen, neue Befriedigungsformen und damit auch Bedürfnisveränderungen zu erkennen und anzustreben.
Daraus folgt als weiteres Problem, wie solche Vorschläge überhaupt möglich sind. Wir haben bereits oben festgestellt, daß Jugendarbeiter im Lebensfeld der Arbeiterjugendlichen, d. h. für ihre Bedürfnisse und deren Befriedigungsmöglichkeiten, zunächst einmal keine Rolle spielen. Schätzt man die Bedeutung, die Jugendarbeiter für Jugendliche am Ausgangspunkt ihrer Beziehung haben, realistisch ein, so kann man sie etwa folgendermaßen beschreiben: Der Jugendarbeiter hat für die Jugendlichen zunächst nur die Bedeutung, Bestandteil, gleichsam Einrichtungsgegen-

stand einer Freizeitstätte zu sein, die für die Freizeitbedürfnisse der Jugendlichen einen gewissen Stellenwert hat (und sei es auch nur der, daß die Jugendlichen die Preise der attraktiveren »Disko« nicht zahlen müssen). Manche der Jugendlichen bleiben außer Kontakt mit diesem »Einrichtungsgegenstand«, wollen mit ihm nichts zu tun haben und kriegen mit ihm nichts zu tun; andere kommen mit ihm in Berührung, entweder indem sie sich seiner als Serviceeinrichtung bedienen (die man »anlabern« kann; die Bier und Tischtennisbälle besorgt; Streit schlichtet; manchmal sorgt, daß was los ist; aufräumt), oder sie stoßen mit ihren Bedürfnissen oder Wünschen an seine Kontrollfunktion, indem er bestimmte Befriedigungsformen zu unterbinden sucht (z. B. Rauschmittelkonsum oder Übernachten im Jugendhaus).

Würde der Jugendarbeiter seine Arbeit allein an den Erwartungen, die ihm in diesem Kontext entgegentreten, orientieren, so käme dabei in der Tat eine »Dienstleistungspädagogik« (s. o.) i. S. einer Befriedigung entfremdeter Bedürfnisse heraus; dies nicht so sehr, weil die Jugendlichen andere Bedürfnisse nicht hätten, sondern weil sie in diesem Kontext keinen Anlaß haben, andere Befriedigungsformen für ihre Bedürfnisse vom Jugendarbeiter zu erwarten.

Aus diesem Grund schon kann sich der Jugendarbeiter in allem was er mit den Jugendlichen über die bloße Erfüllung der Dienstleisterrolle hinaus anfangen will, nicht einfach an den geäußerten Erwartungen der Jugendlichen orientieren. Natürlich muß er versuchen, diese Erwartungen und die ihnen zugrunde liegenden Bedürfnisse zu *verstehen,* indem er mit den Jugendlichen redet und auch sonst mit ihnen umgeht. Wenn aber nicht nur die Bedürfnisartikulation der Arbeiterjugendlichen entfremdet ist, sondern auch die Situation, in der ihre Bedürfnisse dem Jugendarbeiter begegnen, die entfremdete Situation zwischen den »Konsumenten« und dem »Personal« einer Freizeiteinrichtung ist, so kann die Kommunikation über Bedürfnisse in diesem Kontext nur einen »gemeinsamen Nenner« entfremdeter Bedürfnisse erbringen. Dies ist auch dann der Fall, wenn es dem Jugendarbeiter gelingt, die Bedürfnisse der Jugendlichen punktuell auch durch andere Angebote zu befriedigen (nicht immer nur Bier, Disco, Flipper, auch mal Limo, Polit-Folk, Töpfern).

Um darüber hinauszukommen muß der Jugendarbeiter, wie *Liebel* richtig sagt (s. o.), sich eine theoretische Vorstellung von dem Bedürfnis- und Lebenszusammenhang der Jugendlichen machen. D. h. er muß sich Kenntnisse erwerben und sich *erklären,* wie die im Jugendhaus geäußerten Bedürfnisse mit dem gesamten Bedürfnissystem der Jugendlichen und ihren Möglichkeiten bzw. Einschränkungen der Befriedigung zusammenhängen. Es geht dabei um die Erklärung von gesellschaftlichen oder auch individuell psychischen Zusammenhängen, die den Jugendlichen selbst zum großen Teil verborgen sein können.

Auf den Zusammenhang zwischen Erklären und Verstehen als Tätigkeit des Jugendarbeiters wollen wir im folgenden näher eingehen. Zunächst ist davon auszugehen, daß Verstehen der Bedürfnisse Jugendlicher und Erklären ihres Zusammenhangs eine je verschiedene Beziehung zu den Jugendlichen voraussetzt. Für das Verstehen ist Voraussetzung, daß die Jugendlichen als Gleichberechtigte, ja als bevorrechtigte Partner in der dialogischen Auseinandersetzung um die Befriedigung ihrer Bedürfnisse angesehen werden. »Wir wissen, daß die institutionalisierten Handlungen in der Regel diesem Modell kommunikativen Handelns (in dem einem Gegenüber als einem Subjekt und nicht als einem Objekt, das manipuliert werden kann bzw. muß, begegnet wird; B. M./F. O.) nicht entsprechen, obgleich wir nicht umhin können, kontrafaktisch immer wieder so zu tun, als sei dieses Modell wirklich – auf dieser unvermeidlichen Fiktion beruht die Humanität des Umgangs unter den Menschen, die noch Menschen, d. h. in ihren Selbstobjektivationen noch nicht sich als Subjekten völlig fremd geworden sind« (*Habermas*, 1971, S. 120).

Die Erklärung eines Zusammenhangs, den der Jugendliche selbst nicht versteht, setzt dagegen voraus, daß der Jugendarbeiter das Modell des kommunikativen Handelns verläßt, die Jugendlichen zum Erklärungsobjekt macht. Denn »wo der ›Gegenstand‹ des Verstehens, das hermeneutische Ko-Subjekt, die Gründe seines Handelns selbst nicht mehr versteht, wo sich jener berühmte Prozeß hinter dem Rücken des Subjekts durchsetzt, bleibt alles Verstehen . . . vergeblich; der hermeneutische Kommunikationsprozeß muß durch einen rekonstruktiven Erklärungsprozeß unterbrochen, der Gesprächspartner zum Erklärungsobjekt distanziert werden« (*Dießenbacher/Müller*, 1977, S. 126) [1]. Allein durch die distanzierte Erklärung, die die Arbeiterjugendlichen zu Objekten eben dieses Erklärungsvorgangs macht, kann es nämlich gelingen, gesellschaftliche Zwänge und die den Handlungen zugrundeliegenden Gesetzmäßigkeiten zu erkennen; diese Erkenntnis wiederum ist Voraussetzung dafür, sie auch den Arbeiterjugendlichen bewußt zu machen, denn »die Objektivität gesellschaftlicher Prozesse (besteht) gerade darin, daß sie undurchschautes Resultat der Handlungen gesellschaftlicher historischer Subjekte sind, aber dennoch und deshalb determinierenden Zwangscharakter annehmen, weil sie sich von den Subjekten, die gleichwohl dialektisch als Ursache dieser Prozesse genommen werden müssen, gelöst und als ›zweite Natur‹

1 Ausführlich wird das Problem behandelt in *A. Müller*, 1978.

eine subjektlose Objektivität konstituiert haben« (ebd., S. 127). Erst wenn es gelingt, diese Bewegungsgesetze der Gesellschaft zu erklären, ist damit die Voraussetzung gegeben, daß auch Arbeiterjugendliche in die Lage versetzt werden, die Bedingungen ihres Handelns zu erkennen [1].
Das bedeutet, daß die Erklärung, die Voraussetzung für die Aufklärung ist, daß also Aufklärung nicht ohne Erklärung sein kann (vgl. ebd., S. 128). Damit aber, daß eine Erklärung geliefert werden kann, ist das Problem noch nicht gelöst, sondern die Erklärungen der Wissenschaftler müssen von denen, die sie angehen – also den Arbeiterjugendlichen – auch verstanden werden. Geht es also darum, den Jugendlichen diese Erklärungen für ihre Bedürfnisse und ihr Verhalten wiederum zu »erklären«?

5.3. Das Verhältnis zwischen Bedürfnissen der Jugendarbeiter und ihren Angeboten

Ehe wir diese letzte Frage zu beantworten suchen, gehen wir noch einen Schritt zurück. Wir haben gesagt, es sei ebenso unvermeidlich wie notwendig, daß der Jugendarbeiter sich Bedürfnisse und Verhalten der Jugendlichen erklärt, sie also zum Objekt distanziert. (Jeder Jugendarbeiter tut dies mehr oder weniger bewußt, wenn auch die Qualität der benutzten alltagstheoretischen oder wissenschaftlichen Erklärungen sehr unterschiedlich sein mag.) Es ist aber mit *Liebel* zunächst festzuhalten: Dies ist eine Erklärung, die der Jugendarbeiter *für sich* selbst macht. Sie ist aber nicht einfach gleichzusetzen mit dem, was der Bedürfnis- und Lebenszusammenhang der Arbeiterjugendlichen »objektiv« und »wirklich« ist. Anders gesagt: In diese Erklärung gehen der gesellschaftliche Standort, die subjektive Sichtweise und die Bedürfnisse des Jugendarbeiters mit ein. Es macht einen beträchtlichen Unterschied, ob er sich dieser Tatsache selbst bewußt ist, oder nicht.
Wir sind bereits oben auf die unvermeidliche »Wahrnehmungs- und Verständigungsgrenze« (*Liebel*) gestoßen, die bewirkt, »daß noch die ausgeklügeltste theoretische Vorstellung (d. h. Erklärung, B. M./F. O.) von Interesse und Bedürfnissen der Jugendlichen, zumal der Arbeiterjugendlichen, immer ein Stück bürgerlich-kleinbürgerlicher Bewertung enthält, die das adäquate Verständnis des Sozialverhaltens der Jugendlichen erschwert« (*Liebel*, 1978, S. 25).

1 *Lefebvre* schreibt: »Durch die *Erkennntnis* kann sich der Proletarier befreien und *aktiv* seinen Zustand überwinden. Er wird sich in dieser Bemühung um Bewußtsein und Erkenntnis übrigens gezwungen sehen, sich komplexe (ökonomische, soziale, politische . . .) *Theorien* anzueignen und die fortgeschrittensten Ergebnisse der Wissenschaft und Kultur in sein Bewußtsein aufzunehmen« (*Lefebvre*, 1974, S. 149; Hervorh. im Orig.).

Jetzt kommt es uns darauf an, die Bedeutung klar zu machen, welche die Bedürfnisse des Jugendarbeiters in diesem Zusammenhang haben. Uns scheint, daß das theoretische Verständnis der Jugendarbeiter von den Arbeiterjugendlichen, d. h. die Art und Weise, wie sie versuchen deren Bedürfnisartikulationen und deren Verhalten zu erklären und zu verstehen, in starkem Maße von ihren Bedürfnissen und Wünschen bestimmt wird. Das kann die Form annehmen, daß eigene Wünsche oder Bedürfnisse und deren spezifische Befriedigungsformen auch den Jugendlichen »untergeschoben« werden [1], das kann aber auch in der Form sich niederschlagen, daß aufgrund psychischer Konflikte von Jugendarbeitern deren Wahrnehmung der Realität, und damit auch ihr Handeln, so wenig der Realität angepaßt ist, daß sie das Gegenteil von dem bewirken, was sie bewußt intendieren, also z. B. Infantilisierung statt Autonomie (vgl. *Richter*, 1976, insbes. S. 140 ff.; *Schmidbauer*, 1977). Wie *L. Gerhard* gezeigt hat, sind auch linke Jugendarbeiter und ihre Theoretiker gegen solchen Mechanismus keineswegs gefeit (vgl. *Gerhard*, 1979, S. 47 ff. u. 67 ff.). *Liebel* weist darauf hin, daß auch politische Konflikte, die sich auf die eigene politische Position beziehen, ähnliche Wirkungen haben können (vgl. *Liebel*, in: *Lessing/Liebel*, 1974, S. 244 ff.).
Die Bedürfnisse der Jugendarbeiter sind also schon für die Wahrnehmung dessen, was ist, von großer Bedeutung; sie bestimmen mit, wie der Jugendarbeiter die Arbeiterjugendlichen, ihr Verhalten und ihre Bedürfnisartikulationen wahrnimmt. Weiterhin beeinflussen die Bedürfnisse des Jugendarbeiters seine konkrete Arbeit, weil, je nach der Art, welche Bedürfnisse er in seiner Arbeit zu befriedigen sucht, er diese Arbeit gestaltet. Gerade das Bedürfnis nach einer Nutzung eigener Fähigkeiten in einer als sinnvoll empfundenen Tätigkeit ist auch wiederum Voraussetzung für eine selbstkritische Analyse der eigenen Arbeit. Erst dann nämlich, wenn die eigene Arbeit als unzulänglich begriffen wird, wenn es also als ein Mangel empfunden wird, daß die eigene Arbeit nicht zu den angestrebten Resultaten führt, entsteht ein Bedürfnis nach anderen Arbeitsformen bzw. nach anderen Angeboten.
Die Bedürfnisse der Jugendarbeiter sind aber nicht nur als Gegenstand der Selbstkritik und der theoretischen Analyse dessen, was hinter dem eigenen Rücken sich durchsetzt, und somit der eigenen Arbeit von Bedeutung. Sie haben zugleich damit auch eine Bedeutung als Quelle dessen, was Jugendarbeiter den Jugendlichen überhaupt zur Veränderung ihrer Lebenssituation anzubieten vermögen. Nämlich: Ohne das Bedürfnis, an

1 Hierzu sei auf das Beispiel der »Weihnachtsfeier« bei *Lutz Roth* hingewiesen (vgl. *Roth*, 1978, S. 24 ff.).

der Situation der Arbeiterjugendlichen etwas ändern zu *wollen*, ändert der Jugendarbeiter nichts. D. h. angesichts von »Lohnerzieher« – oder »Bedienungspersonal«-Gleichgültigkeit von Jugendarbeitern, die nur noch den Lohnerwerb als Sinn ihres Berufes sehen, ist die Frage nach den Möglichkeiten einer Bedürfnisentwicklung von vornherein sinnlos. Es ist unmöglich, daß ein Jugendarbeiter den Jugendlichen gegenüber »offen« ist, einen »eigenen Standpunkt« vertritt, sich mit ihnen »auseinandersetzt«, sie ernst nimmt und sich für sie interessiert – alles Forderungen, die *Liebel* und ähnlich *Aly* an Jugendarbeiter stellen – ohne daß der Jugendarbeiter sich dabei zugleich auch von den eigenen Bedürfnissen leiten ließe und an deren Befriedigung orientiert wäre. Dies alles ist unmöglich, wenn der Jugendarbeiter nicht zugleich auch *für sich* darum kämpft, die Zertrennung von aktivem (also auch beruflichem) Leben und Bedürfnisbefriedigung zurückzudrängen, wenn es ihm nicht gelingt, die eigene »Liebe zum Beruf« auch ein Stück weit erfüllt zu sehen.

Daß also der Jugendarbeiter auch seine Bedürfnisse in die Jugendarbeit einbringt, kann also gerade nicht als negative Randbedingung der Jugendarbeit verstanden werden. Vielmehr scheint es uns, daß erst, wenn auch die Bedürfnisse des Jugendarbeiters ein Stück weit in seiner Arbeit befriedigt werden, er auch seine »Liebe zum Beruf« entwickeln kann, die wiederum Voraussetzung dafür ist, daß er zu kreativer und produktiver Arbeit für die Arbeiterjugendlichen fähig ist. Die Bedürfnisse des Jugendarbeiters und der Grad ihrer Befriedigung bestimmen also mit, was er den Jugendlichen anzubieten hat.

Zugleich aber kann der Arbeiterjugendliche sich mit dem Jugendarbeiter, wenn dieser als ein Mensch mit Bedürfnissen, Wünschen, Kenntnissen und Fähigkeiten erkennbar wird, auseinandersetzen: Er kann dessen Bedürfnisse wahrnehmen, sie akzeptieren oder ihnen Widerpart bieten; er kann seine Erklärungen annehmen oder sich dagegen wehren. Damit aber wird deutlich: Es findet zwischen Jugendlichen und Jugendarbeitern eine Auseinandersetzung über beider Bedürfnisse statt, bei der es zugleich um die als angemessen angesehenen Mittel zur Bedürfnisbefriedigung (hier z. B. im Rahmen der offenen Jugendarbeit) geht. Diese Mittel unterliegen der Bewertung, sowohl durch die Jugendlichen, als auch durch die Jugendarbeiter. Das aber heißt m. a. W., daß die Angebote der Jugendarbeiter, die eine Bedürfnisbefriedigung der Arbeiterjugendlichen ermöglichen sollen, daß also ein Anknüpfen an die Bedürfnisse der Jugendlichen, nicht wertneutral sein kann. *Liebel* verurteilt die Wertungen, die in die Vorstellungen der Jugendarbeiter über die Jugendlichen einfließen als »kleinbürgerlich«. Wir sind nicht sicher, ob sich hinter diesem Urteil nicht ein widersprüchlicher linker Moralismus verbirgt, der vom Jugendarbeiter verlangt, sich einerseits mit Standpunkt und offenem Visier den Jugendlichen zu stellen, andererseits auf die »bürgerlichen« Wertungen, die sein Bedürfnissystem möglicherweise geprägt haben, zu verzichten. Wir meinen, daß wertende Stellungnahmen der Jugendarbeiter unvermeidlich sind, daß sie deshalb reflektiert werden müssen, um ihre Implikationen zu erkennen, und daß sie nur dann manipulativ werden, wenn sie sich in das Gewand objektiver Analysen kleiden, oder mit moralischer Sanktionsgewalt einhergehen.

Nach dem bisher Gesagten können wir analytisch drei unterschiedliche Arten von Angeboten, die ein Jugendarbeiter den Jugendlichen machen kann, unterscheiden:

- Er kann als Vertreter einer Freizeiteinrichtung ein Service-Angebot im Rahmen der Spielräume machen, die ihm seine Institution und die Fähigkeiten, die ihm Ausbildung und Praxiserfahrung verschafft haben, geben. Dies Angebot kann für die Jugendlichen von sehr unterschiedlichem Gewicht sein: ganz marginal (mal zur Abwechslung ein anderes Spielchen); einigermaßen wichtig (offenhalten des Jugendhauses als Freizeitort) oder sehr wichtig (Intervention beim Jugendrichter und Abwendung einer Jugendstrafe). Alle diese Aktivitäten aber knüpfen an die aktuellen, vordergründigen und entfremdeten Bedürfnisse an.
- Die zweite Angebotsart ist die eines Erklärungs- oder Aufklärungszusammenhangs über Probleme, die sich aus der Lebenssituation der Jugendlichen ergeben, und damit zugleich über die Frage, wie sich Bedürfnisse und die Möglichkeiten zu ihrer Befriedigung für die Jugendlichen zueinander verhalten, unter dem Gesichtspunkt, daß dieser Zusammenhang sich nicht offen – und damit auch veränderbar – sondern hinter dem Rücken der Betroffenen durchsetzt. Wir haben dargestellt, daß der Jugendarbeiter sich notwendig solche Erklärungen machen, dabei notwendig auch den verstehenden Dialog mit den Jugendlichen verlassen, und sie zu Objekten seiner Erkenntnis distanzieren, muß. Wir haben aber noch nicht diskutiert, ob bzw. wie daraus ein Angebot an die Jugendlichen werden soll. Die Frage, ob Jugendarbeiter den Jugendlichen die Erklärungen für ihre Bedürfnisse und ihr Verhalten selbst wiederum erklären sollen, haben wir nicht beantwortet, weil nicht klar war ob und wie solche Erklärungen von den Jugendlichen überhaupt verstanden und als relevant für die Veränderung ihres Lebenszusammenhanges erkannt werden können.
- Die dritte Angebotsart ist diejenige, in der der Jugendarbeiter sich selbst als Person »einbringt«, sein eigenes Bedürfnisprofil den Jugendlichen gegenüberstellt, so daß sie sich damit auseinandersetzen kön-

nen. Die Jugendlichen werden in dem Lebensstil, den politischen Auffassungen und in der ganzen Person des Jugendarbeiters mit anderen Möglichkeiten, Bedürfnisse zu befriedigen, konfrontiert, als sie für sich selbst bisher realisiert haben oder realisieren können.

In dem letzten Zusammenhang ist das Wort »Angebot« nicht in vordergründiger Weise so zu verstehen, daß den Arbeiterjugendlichen ein nachahmenswertes Vorbild (z. B. i. S. der Pädagogik der Jugendbewegung) zur Veränderung ihrer eigenen Bedürfnisse oder zumindest im Hinblick auf die Befriedigungsformen für ihre Bedürfnisse zu liefern sei; auch Jugendarbeiter als »Kader aufgeklärter Menschen« (*Kentler*) sind nicht Basis für Imitationen. Insoweit stimmen wir *Liebels* Forderung nach »Entpädagogisierung« der Jugendarbeit zu. Vielmehr kann die andere Lebensform des Jugendarbeiters gerade dann für die Arbeiterjugendlichen andere Möglichkeiten zur Befriedigung ihrer Bedürfnisse eröffnen, wenn die Jugendlichen erkennen, daß ihre Lebensbedingungen spezifisch andere sind, als die der Jugendarbeiter. Erst indem die Jugendlichen mit anderen Lebensformen vertraut werden, sind sie auch in der Lage, die Selbstverständlichkeiten ihrer eigenen Lebensgewohnheiten als nicht naturgegeben, sondern gesellschaftlich bedingt zu erkennen. Erst indem das Selbstverständliche, zur unbewußten Routine Gewordene überhaupt ins Bewußtsein tritt, können Bedürfnisse (die bisher »selbstverständlich« nur bestimmte Befriedigungsformen hatten) andere Formen der Befriedigung suchen und somit entwicklungs- und veränderungsfähig werden. Nicht also ein Verhalten, das mit schlechtem Gewissen die eigene Lebenssituation, die zeitweise erheblich privilegiert gegenüber derjenigen der Arbeiterjugendlichen ist, derjenigen der Jugendlichen anzugleichen versucht, noch also der Versuch, sich als leuchtendes Vorbild politischer und kultureller Lebensgestaltung zu präsentieren, ist für Arbeiterjugendliche bei der Entwicklung ihrer Bedürfnisse hilfreich. Vielmehr ist es für die Jugendlichen wichtig, erkennen zu können, daß auch der Jugendarbeiter als Mensch mit Interessen und Bedürfnissen sich verändert – sowohl in den Angeboten, die er in seiner Arbeit macht, wie auch in seinem Verhalten und in seinen Überzeugungen. D. h. für den Jugendarbeiter auch, die eigenen Schwächen, Zweifel und Widersprüche zumindest gegenüber den Jugendlichen, mit denen eine längerdauernde und kontinuierliche Arbeit stattfindet, nicht zu verstecken. Erst dann wird der Jugendarbeiter auch durch die Arbeiterjugendlichen kritisierbar, so daß ein Lernprozeß entstehen kann, in dem beide Seiten sich entwickeln können.

Diese drei möglichen Angebotsebenen lassen sich nur analytisch säuberlich trennen. In allen Beziehungen – so scheint uns – hat die dritte Ebene eine gewisse Priorität. Sie ist die Voraussetzung dafür, daß die beiden anderen Ebenen des »Services« (zumindest wenn dieser nicht völlig unverbindlich bleiben soll) und der »Aufklärung« überhaupt wirksam werden können und sie vermittelt die unterschiedlichen Ebenen auch miteinander.

Um diese These plausibel zu machen, gehen wir zu der vorher getroffenen Feststellung zurück, Angebote der Jugendarbeit hätten zunächst keinen Stellenwert für Arbeiterjugendliche, weil Jugendarbeit kein relevanter Bestandteil ihrer Lebenswelt sei. Die gewisse »Nicht-Erwartung«, die sie der Jugendarbeit infolgedessen entgegenbringen, bedeutet aber keineswegs, daß sie geneigt sind, die Service- und Aufklärungsangebote der Jugendarbeiter neutral und unvoreingenommen auf ihre Brauchbarkeit zu prüfen. Vielmehr interpretieren und werten sie diese Angebote – bewußt oder unbewußt – im Kontext der erkennbaren Bedürfnisse des Jugendarbeiters, sowie seines Verhaltens und seiner Äußerungen. Eine solche Interpretation von Bedürfnis und Verhalten des Jugendarbeiters durch die Jugendlichen beruht auf ihrer Alltagserfahrung und auf ihrer Alttagserkenntnis. Diese wiederum wird in starkem Maße geprägt von der Lebenssituation der Jugendlichen, innerhalb derer sie akademisch gebildete Menschen immer nur in der Rolle von »Vorgesetzten« und »Befehlenden« kennengelernt haben, sei es als Lehrer, als Betriebsleiter o. a. Das aber bedeutet, daß auch der Jugendarbeiter zunächst mit dem Raster interpretiert wird, der diesen Personen gegenüber bisher als angemessen erschien. Will der Jugendarbeiter aber in seiner Arbeit an den Bedürfnissen der Jugendlichen anknüpfen, so muß dieses Verhalten die Jugendlichen zunächst verwirren, weil sie befürchten müssen, daß es sich hierbei lediglich um einen neuen, noch subtileren Trick zur Herrschaft über sie handele.

Aus diesem Grund macht fast jeder Jugendarbeiter, der neu in ein Jugendhaus kommt die Erfahrung, zunächst einmal von den Jugendlichen intensiv getestet zu werden. Diese Tests können unangenehm sein, ja sich zu einer sehr angsterregenden Kraftprobe auswachsen (vgl. *Roth*, 1978, S. 17 f.), weshalb viele Jugendarbeiter sie manipulativ zu umgehen suchen (und oft in der Folge den Jugendlichen gegenüber »kein Bein mehr auf den Boden kriegen«). Inhaltlich sind diese Tests (Frozzeleien, körperliche Kraftproben, sexuelle Kraftmeierei, Austricksen etc.) Vertrauensproben auf die Möglichkeiten und Grenzen der Befriedigung von Bedürfnissen und Wünschen:

- »Wie weit kann ich gehen, bis er die (repressive) Katze aus dem Sack läßt?«
- »Welchen Schwindel nimmt er mir ab?«
- »Wielange hilft er mir?«
- »Kann ich das mit ihm bereden« (Themen, die sonst gegenüber

Erwachsenen tabuisiert sind)?

Erst wenn der Jugendarbeiter diese Tests durchgestanden hat – und er kann sie nur durchstehen, indem er so oder so persönliches Profil zeigt (kein Profil zu zeigen, sagt auch etwas über ihn als Person aus) – kann er mit seinen Angeboten ankommen. Erst dann können diese Angebote eingeordnet werden in den alltäglichen Erfahrungszusammenhang und erhalten darin ihren Stellenwert. Dies gilt für die Service-Angebote, obwohl natürlich je nach Art und Bedeutung des Angebotes andere Arten und Grade von Vertrauen nötig sind. Dies gilt erst recht für die Aufklärungsangebote.

5.4. Die Verständigung zwischen Jugendarbeitern und Jugendlichen

An dieser Stelle ist ein vorhin unterbrochener Gedanke fortzuführen, der den Zusammenhang von »Erklären« und »Verstehen« betrifft. Wir haben oben gesagt, daß es nicht genüge, Verhaltensweisen und Bedürfnisse von Jugendlichen erklären zu können, vielmehr sei notwendig, die Erklärungen für die Jugendlichen auch verstehbar zu machen, sie also in den Dialog mit den Jugendlichen zurückzubinden. Aufgrund der jetzigen Überlegungen können wir sagen, daß dies Verstehen voraussetzt, daß die Jugendlichen zuvor den Jugendarbeiter »einschätzen« können, d. h. den bei ihm bestehenden Zusammenhang zwischen seinen Lebensverhältnissen und seinen Bedürfnissen zumindest soweit verstanden haben, daß sie auch die daraus resultierende Sichtweise des Jugendarbeiters, die sie selbst betrifft, verstehen können und in der Lage sind, sich darüber mit ihm auseinanderzusetzen. Das setzt voraus, daß es dem Jugendarbeiter gelungen ist, sich den Jugendlichen wiederum soweit verständlich zu machen.

Dieser Verstehensprozeß unterscheidet sich prinzipiell nicht von dem vorher beschriebenen, in dem der Jugendarbeiter versucht, den Arbeiterjugendlichen zu verstehen. Auch die Jugendlichen versuchen, den Jugendarbeiter irgendwie zu verstehen (einzuschätzen). Soweit sie dazu nicht spontan in der Lage sind, erklären sie sich sein Verhalten, indem sie es ihrer Alltagserfahrung zuordnen. Sie sagen »dufter Kumpel« oder »schwer einzuschätzen« oder »Klugscheißer« oder »Bulle« und meinen jeweils einen Typus von Menschen (bzw. von Alltagstheorie über Menschen, die erklärt, warum sich ein Gegenüber so verhält).

Versucht ein Jugendarbeiter demnach, einem Jugendlichen einen Zusammenhang zwischen seinen Bedürfnissen und ihren Befriedigungsmöglichkeiten zu »erklären«, ihn also »aufzuklären«, so hängt das Verständnis zwangsläufig auch davon ab, wie der Jugendliche seinerseits diesen Zusammenhang beim Jugendarbeiter versteht.

Grundlage seines Verstehensversuches aber ist eine andere Erfahrung und ein geringeres theoretisches Verständnis von der Lebens- und Arbeitssituation des Jugendarbeiters, als es gemeinhin in umgekehrter Richtung erwartet werden kann. Deshalb muß der Verstehensversuch – unabhängig von den Verdrängungen und Entfremdungen, denen der Jugendarbeiter in seiner Selbstinterpretation unterliegt – zwangsläufig zu anderen Ergebnissen führen, als es bei einem Jugendarbeiter, der versucht, einen Kollegen zu verstehen, der Fall wäre. Denn sowohl der Jugendarbeiter als auch der Jugendliche nehmen die gemeinsame Situation in der durch ihre Sozialisation, ihre Erfahrungen sowie durch ihre (alltags)theoretischen Kenntnisse geprägten Weise wahr [1]. Das bedeutet anders formuliert, daß dieselbe Situation für beide eine völlig unterschiedliche Interpretation erfahren kann, und es ist schlechterdings kein Kriterium erkennbar, das es ohne weiteres gestatten würde, die eine Interpretation für angemessener zu erklären als die andere.

Dies hat Konsequenzen für die oben gestellte Frage, ob der Jugendarbeiter seine Erklärungen über den Zusammenhang von Bedürfnissen und Lebenslage der Jugendlichen diesen »erklären« solle. Die Antwort ist: Das kann er gar nicht, solange die Jugendlichen nicht vorher ein Verständnis für seine Erklärungen gewonnen haben, da er für sich allein seinen sozial geprägten Interpretationsrahmen nicht transzendieren kann. Der Schlüssel zu diesem Verständnis ist aber die Erklärung der Jugendlichen über den Zusammenhang von Bedürfnis und Lebenslage des Jugendarbeiters in der konkreten Situation, also ihre Antwort auf die Frage, »was der/die eigentlich von ihnen will«. Aus diesem Grund kann der Jugendarbeiter zwar mitteilen, aber nicht aufklären, sondern nur verständlich machen, indem er sich selbst verständlich macht als einen, der solche Erklärungen nötig hat, um in seiner Arbeit mit den Jugendlichen einen Sinn sehen zu können. Voraussetzung für dieses Verständlich-machen ist aber, daß der Jugendarbeiter nicht nur versteht, wie die Jugendlichen sich selbst und ihre Bedürfnisse verstehen (wie wir oben sagten), sondern daß er auch versteht – oder es mindestens versucht – wie die Jugendlichen ihn selbst und seinen Lebenszusammenhang erklären.

Erklären bedeutet in diesem Zusammenhang auch immer eine Art der Kritik, denn nur dort, wo derjenige, dessen Handeln erklärt wird, Handlungen oder Verhaltensweisen zeigt, die dem anderen erklärungsbedürftig

1 Diese Tatsache, daß theoretische Einstellungen und Kenntnisse, die nicht unabhängig sind von der sozialen Situation, in der der Betreffende lebt, die Wahrnehmung beeinflussen, wird von so unterschiedlichen Wissenschaftlern wie *Popper* oder *Holzkamp* gleichermaßen anerkannt (vgl. *Popper*, 1969, S. 76; *Holzkamp*, 1973, S. 366 ff.).

erscheinen, tritt dieser Prozeß ein. Erklärungsbedürftig aber erscheinen – zumindest im persönlichen Umgang zwischen Menschen – immer nur diejenigen Handlungen und Verhaltensweisen, von denen der Erklärende sich erhofft, sie durch eben seine Erklärung und Aufklärung im positiven Sinne verändern zu können. Bedeutet in diesem Sinne Erklärung immer auch Kritik, so schließt »Erklärungen verstehen« ein, daß die Kritik ernst genommen wird.

Diese Feststellung, daß Erklärung immer auch Kritik impliziert, kann nicht derart umgekehrt werden, daß Kritik möglichst vom Jugendarbeiter in wissenschaftliche Erklärungsversuche verpackt dargelegt werden soll. Vielmehr soll er sie offen und verständlich äußern. Allerdings treiben dieses Versteckspiel gerade diejenigen, die meinen, es sei möglich, als Intellektueller Arbeiterjugendlichen ihr Verhalten zu erklären, ohne sie dabei zu kritisieren. Arbeiterjugendliche reagieren aber oft sehr sensibel auf die versteckte Agression scheinneutraler Analysen, welche ihnen defizitäre Bedürfnisse und Verhaltensweisen bescheinigen und die Schuld dafür »dem Kapitalismus« anlasten. Diese Kritik aber bleibt unverständlich oder wird (zu Recht) als Bevormundung abgelehnt, wenn sich der Jugendarbeiter nicht zugleich auch der Kritik stellt. Unsere Überlegung, seine Erklärungen als etwas zu begreifen und auch darzustellen, was er selbst »nötig« hat, ist gleichbedeutend mit der Aufforderung, Position dazu zu beziehen.

Dadurch wird der Jugendarbeiter angreifbar. Vielleicht erfährt er dabei aber auch, daß die Arbeiterjugendlichen ganz andere Erklärungsversuche für nötig halten (und vielleicht auch, daß sie ohne seine bornierten Erklärungen nicht darauf gekommen wären).

Aus dem bisher Gesagten geht hervor, daß Aufklärungsprozesse in der Jugendarbeit nur als dialogische Prozesse wechselseitiger Aufklärung und Kritik verstanden werden können. Dies schließt aber ein, daß in einzelnen Momenten die Dialogsituation verlassen und der Partner zum Objekt von Erklärungen distanziert wird. Aufklärung, die nur auf gegenseitigem Verstehen basiert, ist ebenso unmöglich, wie Aufklärung nur durch einseitige Erklärung von Zusammenhängen.

Allerdings darf in diesem prinzipiell dialogischen Prozeß auch eine gewisse Asymmetrie nicht außer acht gelassen werden. Eine fruchtbare Auseinandersetzung zwischen Jugendlichen und Jugendarbeitern wird oft dadurch blockiert, daß beide ihre Erklärungen und Verstehensversuche auf unterschiedliche Weise codieren: Die Jugendarbeiter durch Versuche verbaler Auseinandersetzung, möglichst mit wissenschaftlicher Sprache unterfüttert, die Arbeiterjugendlichen durch nonverbale Gesten, Handlungen, scheinbar nebenher gemachte Bemerkungen, hingeworfene Pro-

vokationen. (Allerdings wäre es sicher ein Vorurteil von Jugendarbeitern, wenn sie meinen, sie selbst drückten nicht auch auf nonverbale Weise aus, was sie von den Jugendlichen halten.)
Die Auseinandersetzung zwischen Jugendarbeitern und Arbeiterjugendlichen ist also nicht auf Prozesse verbaler Kommunikation reduzierbar. Diese Kommunikation findet genauso in den Angeboten, die die Jugendarbeiter in ihrer Arbeit den Jugendlichen machen, ihren Ausdruck.
Die Asymmetrie besteht nun aber darin, daß dem Jugendarbeiter in anderer Weise als den Jugendlichen die Aufgabe zufällt, diese unterschiedlichen Kommunikationsebenen miteinander zu vermitteln, also die verbale wie die nonverbale Sprache zu verstehen und zu übersetzen. Jugendarbeiter müssen also in anderer Weise, als dies von den Jugendlichen erwartet werden kann, in der Lage sein, sich auf die Auseinandersetzungs- und Erfahrungsebene ihrer Partner einzulassen. Dies gilt um so mehr, als die Vorerfahrung der Jugendlichen im Umgang mit Erwachsenen vom umgekehrten Fall geprägt sind: Jugendliche (bes. in der Schule, aber nicht nur dort) werden gezwungen, ihre Auseinandersetzungen mit Erwachsenen in Situationen zu führen, in denen diese das Definitionsmonopol für die Bewertung und die gültigen Sprachspiele haben (vgl. *Wellendorf*, 1973, insbes. Teil 3). Damit ist nicht gemeint, daß Jugendarbeiter Meister in sozialer Mimikry sein sollen, sondern nur, daß die Verantwortung für die faire Verteilung der Chancen in der Auseinandersetzung in höherem Maß bei den Jugendarbeitern liegt.
Diese Fähigkeit zur Übersetzung ist auch ein wesentliches Ziel wissenschaftlicher Ausbildung von Jugendarbeitern. Die theoretische Beschäftigung mit den Bedürfnissen und der Lebenswelt der Jugendlichen kann zwar, wie oben dargestellt, nur Erkenntnisse von relativ hohem Allgemeinheitsgrad vermitteln, während die Konkretion dieser Erkenntnisse nur in dem geschilderten Austauschprozeß mit den Jugendlichen möglich ist. Voraussetzung dafür aber ist, daß der Jugendarbeiter in seiner Ausbildung die »Erfahrungsfähigkeit« (*H. Ortmann*, 1977, S. 105 u. ff.) erworben hat, die notwendig ist, um diesen Konkretisierungsprozeß nach beiden Seiten nicht vorschnell abbrechen zu lassen. Der Jugendarbeiter muß dazu nicht alles wissen, sondern er muß möglichst viel lernen können!

5.5. Über die Bedeutung von Theorie für die Arbeit im »Feld«?

»Lernen« bedeutet für einen wissenschaftlich vorgebildeten Jugendarbeiter traditionell das Anhäufen der Kenntnis verschiedener Theorien. Wir haben im Vorhergehenden bereits einige Aussagen darüber gemacht, welchen Nutzen Theorie haben kann und welche Rolle sie in der Jugendarbeit spielt. Zusammenfassend läßt sich festhalten: Theorie muß

1. eine Hilfestellung für den Jugendarbeiter geben können, sein eigenes Verhalten erklären und damit auch besser verstehen zu können; sie muß
2. zur Erklärung von Verhaltensweisen, die die Jugendlichen nicht mehr selbst verstehen können, dienen können; sie muß
3. verdeutlichen, in welcher Weise der Prozeß des gegenseitigen Verstehens ermöglicht werden kann und sie muß
4. eine Bewertung der kommunikativ gefundenen Ergebnisse für die gemeinsame Arbeit ermöglichen.

In diesem Zusammenhang sei als »Theorie« jedes Wissen von »transkontextueller Bedeutung« bezeichnet. *Konrad* und *Szelenyi* (1978, S. 53) beschreiben dieses Wissen folgendermaßen: »Wenn z. B. X Y erzählt, seine Frau habe ihn betrogen, so ist das bloß eine Information individueller Gültigkeit über eine Schicksalswende von X, trägt aber etwa X seine Geschichte auf einer derartigen Stufe symbolischer Allgemeinheit vor, daß sich auch andere in seine seelische Lage, in das Drama seines Betrogenseins hineinversetzen können, und verstehen sie dank der Geschichte des X' gewissermaßen karthartisch auch ihre eigene Ehe tiefer und entleihen sie daraus quasi ein Muster im Hinblick darauf, wie sie sich ihrer Ehefrau gegenüber zu verhalten haben, dann erhöht sich X' Mitteilung bereits zu einem (intellektuellen) Wissen von transkontextueller Bedeutung.«

Auf diese Art von Wissen wird ein Jugendarbeiter zurückgreifen, wenn er beabsichtigt, seine Handlungen und das Verhalten der Jugendlichen genauer zu analysieren, weil er sein bisheriges Handeln als unzulänglich empfindet (oder wenn er vor eine neue Aufgabe gestellt wird). Hier steht dann die Aufgabe der Theorie im Vordergrund, dem handelnden Sozialarbeiter ein Verstehen seines Handelns – d. h. des Umgangs mit den Jugendlichen – zu ermöglichen. Er benötigt also die theoretischen Überlegungen, um die Partikularität des eigenen Handelns (trotz der Einmaligkeit der jeweiligen Situation) in Elemente zergliedern zu können, daß er sich damit selbst in die Lage versetzt, Elemente seines eigenen Handelns als »typisch« zu erkennen, sie somit interpretieren, erklären und auch verstehen zu können. Gelingt es ihm, veranlaßt durch das eigene Scheitern in der Praxis, seine Praxis zu theoretisieren, so ist mit dem Theoretisieren – d. h. dem Verstehen der eigenen Unzulänglichkeiten – zugleich auch eine Perspektive eröffnet, wie zukünftige Praxis – als Negation der derzeitigen Praxis – aussehen kann. Die kritische Analyse der bisherigen Arbeit ergibt eine Perspektive für die zukünftige Arbeit, aber zugleich wird auch die Kritik der bisherigen Arbeit überhaupt erst möglich, weil der Jugendarbeiter bereits Normen für die eigene Arbeit besitzt und somit das Scheitern bzw. die Unzulänglichkeiten der bisherigen Arbeit erkennen kann. M. a. W.: Erst die Vorstellung von »guter«, sich an den Bedürfnissen der Jugendlichen orientierender Jugendarbeit führt den Jugendarbeiter zur Kritik und der Empfindung, seine bisherige Arbeit sei unzureichend gewesen. Daß er aber seine Arbeit als unzureichend empfindet, ist nur möglich, weil er irgendwelche Vorstellungen über eine »richtige« und »gute« Jugendarbeit besitzt, seien es theoretisch fundierte Vorstellungen oder auch nur gefühlsmäßige Ahnungen.

Aufgrund dieses – wenn auch diffusen – Begriffs von »guter« Arbeit versucht er sein Verhalten und seine bisherigen Tätigkeiten mit Hilfe der Theorie zu analysieren und entwickelt in der Negation seiner bisherigen Praxis Ansätze einer anderen. In dieser »neuen« Praxis wird seine Wertvorstellung über eine gelungene Praxis in der seinem jeweiligen Entwicklungsstand von theoretischer Analyse und praktischer Tätigkeit angemessenen Weise konkretisiert. In diesem Verfahren ist in einem echten Sinne Theorie und Praxis dialektisch aufeinander bezogen. Das aber heißt, daß Theorie nur für den nützlich ist, der es gelernt hat und der bereit ist, zu »theoretisieren«, wenn er sich mit praktischen Problemen auseinandersetzen muß. Hiermit wird deutlich, daß es nicht ausreichend ist, Theorie als einen Bestand an gesichertem Wissen über kausale Zusammenhänge in der Gesellschaft zu begreifen, sondern daß Theorie erst ihren Wert bekommt, wenn sie »durch die Köpfe der Individuen hindurch« für Einzelne handlungsrelevant zu werden vermag.

Der hiermit beschriebene Prozeß ist weitgehend »inhaltsleer«; d. h. er sagt noch nichts aus über die Inhalte der Theorien, die der Jugendarbeiter kennen muß, er sagt noch nichts aus, in welcher Weise er sich im Kommunikationsprozeß mit den Jugendlichen verhalten muß. Uns scheint, daß genau über diese Probleme keine allgemeinen Aussagen möglich sind. Denn welche Theorie für eine Fragestellung angemessen ist, ist nicht allein eine Frage der jeweiligen, vom Jugendarbeiter zu bewältigenden Situation, sondern ist zugleich auch eine Frage der Kenntnisse, der Erfahrungen und der bisherigen Praxis des Jugendarbeiters. Konkret heißt das z. B., daß eine Theorie, die einer Person als vollkommen abstrakt und für die Analyse konkreter Situationen unbrauchbar erscheint, einer anderen Person eine große Hilfe sein kann, weil sie andere praktische Erfahrungen und andere theoretische Reflexionsprozesse durchgemacht hat. Aber auch für dieselbe Person kann dieselbe Theorie, die ihr heute unzulänglich erscheint, nach einer bestimmten Zeit, in der sich ihre Erfahrungen und ihre theoretischen Reflexionen verändert haben, – in einer prinzipiell gleichartigen Situation – zur Lösung praktischer Probleme von großer Hilfe sein. (Damit soll nicht geleugnet werden, daß es tatsächlich auch Theorien gibt, die in einer »falschen Weise« »abstrakt« sind und die tatsächlich nicht auf konkrete Probleme bezogen werden können.)

Mit diesen Überlegungen ist implizit aber bereits ein weiteres Problem angesprochen: Theorien sind Abstraktionen von einer konkreten Situation; sie beziehen sich auf eine Vielzahl von Fällen in der Weise, daß sie das »Typische« der Einzelfälle herausheben und zu erklären versuchen. Konkrete Situationen aber sind immer aus einer Vielzahl von »typischen« Teilsituationen zusammengesetzt. Daraus folgt, daß niemals die Möglichkeit besteht, aus einer theoretischen Analyse der praktischen Tätigkeit eindeutig auf zukünftige Handlungen (die in einer konkreten Situation sinnvoll oder notwendig sind und bestimmte Erfolge nach sich ziehen) zu schließen. Diese Art von Schlüssen wären nur dann möglich, wenn die Theorie die konkrete Handlungssituation vollständig zu beschreiben vermöchte, wenn also m. a. W. die Situation nur aus dem von der Theorie erklärten »Typischen« bestehen würde. Wird im Rahmen der offenen Jugendarbeit der Versuch gemacht, aus einer Theorie unmittelbar Handlungsanleitungen zu gewinnen, so kann damit nur die Realität vergewaltigt werden; sie wird typisiert und damit verengt gesehen.

Diese Feststellung aber darf nun gerade nicht in der Weise mißverstanden werden, daß doch dann, wenn Theorie nicht dazu tauge, Handlungsanweisungen für den Einzelfall zu geben, sie eigentlich überhaupt unnötig sei. Eine solche Aussage hätte nur dann einen Sinn, wenn Praxis losgelöst von theoretischer Reflexion denkbar wäre [1]. Aber Praxis – also Tätigkeit, die einen Sinn oder Zweck hat – erfolgt niemals ohne Reflexion darüber, in welcher Weise der Zweck erreicht bzw. dem Sinn der Handlung entsprochen wird. Immer also besteht ein bestimmtes Vorverständnis, von dem aus bestimmte Handlungen vorgenommen werden – auch dann, wenn dieses dem Handelnden gar nicht bewußt ist. Das verdeutlicht: Es geht nicht um Verwendung oder Nichtverwendung von Theorie sondern allein um die Art der benutzten Theorie und den Grad der Bewußtheit und der (Selbst-)Reflexion über diese Theorie.

Wichtig scheint uns zu erkennen, daß Theorien nicht in erster Linie zur Erklärung oder gar Prognose des Verhaltens der Arbeiterjugendlichen dienen, sondern in besonderem Maße ihre Bedeutung daraus gewinnen,

1 Ein bedeutender englischer Ökonom hat einmal gesagt, daß die »Praktiker«, die Theorie für überflüssig halten, solche Theorien verwenden, die dreißig Jahre vorher als »richtig« angesehen wurden. Die Zeitspanne mag sich verändern, das Problem nicht!

daß sie die Reflexion auf das eigene Handeln, damit dessen Analyse sowie in der Negation der bisherigen Praxis eine bessere Praxis ermöglichen können. Darüber hinaus ist auch deutlich geworden, daß Theorien und Erkenntnisse über die Lebenssituation der Arbeiterjugendlichen ebenso wie der Jugendarbeiter wichtig sind, um das gegenseitige Verstehen der geäußerten Bedürfnisse zu ermöglichen. Eine Theorie der Bedürfnisse als eine konkrete, auf einzelne Personengruppen bezogene Theorie ist ohne eine detaillierte Kenntnis der Lebenssituation dieser Personengruppen nicht möglich; hierin bekommt die Theorie zusätzlich ihren Wert. Zum dritten ist – wie bereits gesagt – Theorie zum Verständnis der Kommunikationsprozesse, wie sie oben beschrieben worden sind, von Bedeutung.
Wir glauben, daß Praxis ohne Theorie nicht möglich ist; wir glauben aber zugleich auch verdeutlicht zu haben, daß die Art und Weise, wie mit Theorie »umgegangen« wird, eine je unterschiedliche Praxis in der offenen Jugendarbeit zur Folge hat.

6. Jugendarbeit als Unterstützung der Jugendlichen

Wir wollen – um unterschiedliche Formen der Jugendarbeit nochmals zu verdeutlichen – in diesem Abschnitt noch einmal auf die Service-Funktionen zurückkommen, die der Jugendarbeiter Arbeiterjugendlichen gegenüber haben kann und nach unserer Meinung auch haben soll.
Wir möchten damit den Eindruck vermeiden, als solle es nach unserer Meinung Dauerbeschäftigung der Jugendarbeiter sein, persönlich Flagge zu zeigen und sich selbst mit den Jugendlichen in Aufklärungsprozesse verwickeln zu lassen. Wir sind auf diese Prozesse nur deshalb so ausführlich eingegangen, weil sie gewissermaßen die Entscheidungsstellen markieren, an denen Jugendarbeit so oder anders »läuft«. Der Alltag der Jugendarbeit ist aber ebensosehr mit anderen Dingen gefüllt. Dazu gehören vor allem die praktischen Angebote der Freizeitgestaltung, Beratung und handfester Hilfe, die der Jugendarbeiter zu geben vermag oder gerne geben möchte, wenn sie nur genommen würden.
Ob ein Jugendarbeiter zu solchen Angeboten in der Lage ist, ist allerdings zunächst einmal eine Frage an seine berufliche Kompetenz im Sinne eines gleichsam »handwerklichen« Wissens und Könnens (vgl. *B. Müller* 1978 a). Arbeitslosen Jugendlichen z. B. wird ein Jugendarbeiter, der keine Ahnung von Arbeits- oder Sozialrecht hat und nicht weiß, wie wenigstens die geringen Chancen auf Arbeits- und Lehrstellen wahrgenommen werden können, kaum von Nutzen sein. Wenn auch auf einer anderen Ebene angesiedelt, besteht in diesem Zusammenhang auch *Götz*

Alys Kritik an den »jungen Sozialpädagogen« zu Recht, die »weder singen noch basteln« können (*Aly*, 1977, S. 8). Grundlegend für dieses Service-Angebot, und für viele Jugendliche wichtiger als die »pädagogische« Tätigkeit des Jugendarbeiters, ist die Erhaltung der Einrichtung in der sich seine Arbeit vollzieht. Insofern gehört zum »Handwerkszeug« auch die Fähigkeit, mit den Instanzen umzugehen, von denen die Existenz der Einrichtung (des Jugendhauses z. B.) abhängt; also ein Stück Fähigkeit zur Verwaltung, zum Verhandeln mit bürokratischen Apparaten u. a. m.
Es ist sicher nicht sinnvoll, einen vollständigen Katalog solcher »Gewußt-wie-und-wo-und-was-Fertigkeiten« aufstellen zu wollen. Wir fordern nicht den Allroundkönner, der von der Rechtsberatung über die therapeutische Krisenintervention bis zur phantasievollen Freizeitunterhaltung alles beherrscht. Wichtig scheint uns nur, daß diese »technische« und »handwerkliche« Seite der Jugendarbeit als ein notwendiger Bestandteil nicht vergessen wird.
Andererseits aber ist die Frage, unter welchen Bedingungen solche Fähigkeiten von den Jugendlichen auch in Anspruch genommen werden. Viele Jugendarbeiter machen die Erfahrung, daß ihre Angebote am Desinteresse der Jugendlichen abprallen und viele fürchten sich auch davor, den Jugendlichen etwas »überzustülpen«. Wir erinnern hier noch einmal an einen Gedankengang im 1. Kapitel. Wir hatten im Zug der Auseinandersetzung mit *D. Damm Liebel* zitiert, der postulierte, daß Jugendliche nicht »Objekt des Pädagogen« sein sollen, sondern »daß der Pädagoge gemeinsam mit den Jugendlichen Zielsetzungen verfolgt, die sich aus der Lebenslage und den Erfahrungszusammenhängen der Jugendlichen entwickeln und von diesen in Ansätzen selbst artikuliert werden«. Der Pädagoge solle m. a. W. die Jugendlichen nicht »bearbeiten« sondern »unterstützen«. Wir hatten dagegen eingewandt, daß diese Alternative solange irreführend sei, wie die Kernfrage der Bedürfnisdiskussion nicht geklärt sei, nämlich, was Objekt dieser gemeinsamen Bearbeitung sein solle und wie eine Einigung darüber zustande komme.
Ein Jugendarbeiter, der neu in ein Jugendhaus kommt, kann nicht davon ausgehen, daß eine solche Einigkeit vorweg schon besteht, ganz egal wie »sozialistisch« sein Bewußtsein ist. Deshalb muß er sich klar machen, daß seine Angebote der »Bearbeitung eines gemeinsamen Objekts außerhalb der Beziehung zwischen Arbeiterjugendlichen und Pädagogen« (*Liebel* a. a. O.) zunächst nur den Charakter von Waren, genauer von warenförmigen Dienstleistungen haben können: Der Jugendarbeiter bietet den Jugendlichen etwas von dem an, was er gelernt hat: Gespräche, Foto AG, Arbeitslosen-Beratung etc., und die Jugendlichen überlegen und prüfen, ob dies Angebot ihren Interessen entspricht, also von ihnen als »Unter-

stützung« akzeptiert werden kann. So etwa könnte man den Interaktionsverlauf eines Jugendhausangebotes beschreiben – wenn Jugendarbeit als warenförmiger Service nicht ein Widerspruch in sich wäre.

Denn in Wirklichkeit »läuft es« so gerade nicht! Die Jugendlichen prüfen, solange sie den Jugendarbeiter nicht sehr genau kennen, mitnichten, ob sein Angebot ihren Interessen entspricht und sie objektiv unterstützt. Denn sie haben gelernt, denen zu mißtrauen, die ihnen etwas ohne Gegenleistung verkaufen wollen. Es ist deshalb ganz normal, daß sie nur die unverbindlichen und ungefährlichen Angebote akzeptieren, in denen die Jugendarbeiter keine Macht über sie erlangen können: Kicker, Disco etc. Die enge Grenze dieses Akzeptierens von Angeboten ergibt sich dabei nicht nur aus der Tatsache, daß diese Angebote auf der Ebene von Interessen, d. h. von entfremdeten, durch »Kaufakte« befriedigbaren Bedürfnissen, verbleiben, sondern auch daraus, daß in der Welt, in der die Jugendlichen diese ihre Interessen vertreten und verteidigen müssen (gleichgültig ob im privaten oder beruflichen Bereich), die Jugendarbeiter zunächst einmal gar keinen Stellenwert haben.

Erst nachdem die oben beschriebene Auseinandersetzung ein Stück weit gelaufen ist, können die Service- oder Unterstützungsangebote eine andere Qualität erhalten. Wenn die Jugendlichen die Erfahrung gemacht haben, daß der Jugendarbeiter gewillt ist, ein Stück ihres Lebens »im Ernst« mit ihnen zu teilen (*Aly*, 1977, S. 127), wenn sie ihm trauen und einschätzen können, was er mit ihnen vorhat und warum er tut, was er tut, erst dann können sie seine Service-Angebote unbefangen auf ihre Brauchbarkeit prüfen. Erst dann ist aber auch der Jugendarbeiter in der Lage, Unterstützungsangebote zu machen, die nicht an den oberflächlichen Interessen der Jugendlichen hängen bleiben [1]. Dann wandelt sich auch die Qualität dieser Angebote. Sie bleiben nicht unverbindliche Interessenangebote, die die Jugendlichen »kaufen« oder auch nicht »kaufen« können, obwohl diese Dimension immer auch erhalten bleibt. Die Angebote erhalten gleichsam ein persönliches Gesicht. Sie werden zu Angeboten, mit denen es dem Jugendarbeiter »ernst« ist, und dieser »Ernst« ist auch für die Jugendlichen erkennbar. Damit erhalten die Angebote zugleich Forderungscharakter. Das bedeutet, daß die Trennung zwischen Bedürfnisbefriedigung und aktivem Leben tendenziell aufgehoben oder zumindest in Frage gestellt wird. Aus Angeboten, die der Befriedigung von

1 Diese Reihenfolge ist allerdings nicht schematisch zu verstehen. So machen z. B. Street Worker die Erfahrung, daß manche Jugendliche erst anfangen ihnen zu trauen, wenn sie den handfesten Nutzen einer Unterstützung ihrer Interessen (vor dem Jugendgericht z. B.) zuvor erfahren haben (vgl. *Specht*, 1979, S. 112 ff.).

entfremdeten und statischen Bedürfnissen dienen, werden Angebote, die auf Entwicklungsmöglichkeiten für Bedürfnisse zielen.
Der Forderungscharakter, den Angebote der Jugendarbeiter in dieser Entwicklung erhalten, richtet sich nach beiden Seiten: Die Anforderungen richten sich an die Jugendlichen, ein Stück »kämpferischen Lebens«, ein Stück »Zurückweisung der Entzweiung« zu wagen. Sie können aber gar nicht erhoben werden, wenn die Jugendarbeiter solche Anforderungen nicht zugleich an sich selbst richten. Außerdem werden sie in diesem Zusammenhang von den Jugendlichen gefordert, und zwar in ganz anderen Dimensionen als nur der des dienstleistenden Experten.
Götz Aly bezieht sich auf diese Qualität von pädagogischen Angeboten wenn er von den Pädagogen in der Jugendarbeit »Erziehung« mit »konkreten Zielen und Leistungen« (a. a. O., S. 126) verlangt: »Solche Leistungen sind die selbständige Organisation des täglichen Lebens vom Wäschewaschen bis zum Essenkochen, das Wegziehen von zu Hause, das gemeinsame Bezwingen eines Berges, das Bauen eines Spielplatzes, das regelmäßige Arbeitengehen, das Einteilen des Geldes, das Durchhalten in der Lehre« (ebd.).
Uns scheint diese Forderung in der Intention zwar richtig, in der Begründung aber in gefährlicher Weise moralisierend zu sein. Ginge es nur um »Erziehungsforderungen« der Pädagogen, läge nur bei ihnen zu definieren, mit welchen Forderungen die Jugendlichen zu konfrontieren sind, so wäre die Leistungs-Liste Alys beliebig zu ergänzen: Etwa durch Forderung nach kavaliersmäßigem Betragen oder nach Makarenkos Ehrfurcht vor der Fahne. Dann wäre der Kreis zur preußischen Jugendarbeit in der Tat geschlossen. *Alys* eigene Praxis, wie sie in seinem Buch geschildert wird, zeigt allerdings deutlich, daß Forderung und Angebot an die Jugendlichen gar nicht zu trennen sind, wenn es um wirkliche Unterstützung ihrer Lebenschancen gehen soll. Erst indem die Jugendlichen Angebote erfahren, die ihnen begründete Hoffnung auf eine Chance geben können, ihre Situation selbst zu ändern, können sie sich auch den Forderungen stellen, die unumgänglich sind, wenn die Hoffnung Realität werden soll. Dies »zuerst« ist gemeint als systematisches »zuerst« in einem Prozeß, der im Zeitablauf auch anders sein kann.
Soweit dieser Prozeß Jugendarbeit genannt werden kann, ist sein Ausgangspunkt immer der Jugendarbeiter in Person. Er ist sein eigenes Werkzeug *(L. Roth)*. Es wäre jedoch eine personalistische Verkürzung, wenn das Hoffnungspotential, das bedürfnisentwickelnde Jugendarbeit mobilisieren muß, primär eine Frage nach der »Persönlichkeit« der Jugendarbeiter wäre.
Wir haben bereits bei der Diskussion der Interessenlage von Jugendarbei-

tern auf die engen Handlungsspielräume, den politischen Druck, die Knappheit an Personal und Sachmitteln u. a. m. hingewiesen, denen Jugendarbeit gewöhnlich – und nicht ohne Grund – unterworfen ist. Diese Verhältnisse stellen nicht nur entfremdende Arbeitsplatzbedingungen für die Jugendarbeiter dar. Sie beschneiden zugleich das Hoffnungspotential der Jugendlichen. An dieser Stelle gibt es in der Tat gemeinsame Interessen von Jugendlichen und Jugendarbeitern – und im Kampf um diese Interessen entwickeln sich auch gemeinsame Bedürfnisse, gemeinsame Erfahrungen und Solidarität.
Nur sollten diese Ansatzpunkte für eine gemeinsame Bedürfnisentwicklung nicht dadurch überlastet werden, daß man sie zur Bedingung politischer Jugendarbeit erklärt. Die Gefahr, an der Alltagsrealität der Jugendarbeiter wie der Jugendlichen vorbeizugehen, ist dann groß.

Literaturverzeichnis

Adorno, Th. W., Thesen über Bedürfnis (1942), in: Ders., Gesammelte Schriften, Bd. 8, Frankfurt 1972, S. 392–396.

Ders., Negative Dialektik, Frankfurt 1975.

Aly, G., Wofür wirst Du eigentlich bezahlt? Berlin 1977.

Ausubel, D. P., Das Jugendalter, München 1968.

Brecht, B., Gesammelte Werke, Frankfurt 1967.

Cohen, St./Taylor, L., Ausbruchsversuche – Identität und Widerstand in der modernen Lebenswelt, Frankfurt 1977.

Damm, D., Politische Jugendarbeit, München 1975.

Daviter, J., Der Lehrling im Betrieb (Hamburger Lehrlingsstudie der Hochschule für Wirtschaft und Politik, Hamburg, Bd. 2, hrsg. vom Deutschen Jugendinstitut, München), München 1973.

Dießenbacher, H., Zur Berufsmotivation des Sozialpädagogen – Thesen zum Anzetteln einer Diskussion, in: Neue Praxis, Sonderheft 1977, S. 52–63.

Dießenbacher, H./Müller, A., Aufklärungswissenschaft in praktischer Absicht? – Zu den Grundlagen von Aktionsforschung, in: *A. Lüdtke/H. Uhl* (Hrsg.), Kooperation der Sozialwissenschaften, T. 2 (Anmerkungen und Argumente zur historischen und politischen Bildung), Stuttgart 1977, S. 111–138.

Duhm, D., Warenstruktur und zerstörte Zwischenmenschlichkeit, Köln 1973.

Freud, S., Gesammelte Werke, Bd. 5, London 1942.

Fromm, E., Der moderne Mensch und seine Zukunft, Frankfurt 1960.

Gerhard, L., Über die richtige Angst und die falsche Scham, Gießen 1979.

Giesecke, H., Versuch 4, in: *C. W. Müller/H. Kentler/K. Mollenhauer/H. Giesecke*, Was ist Jugendarbeit? München 1964, S. 119–176.

Habermas, J., Soziologische Notizen zum Verhältnis von Arbeit und Freizeit, in: *H. Plessner* u. a. (Hrsg.), Sport und Leibeserziehung, München 1967, S. 28–46.

Ders., Vorbereitende Bemerkungen zu einer Theorie der kommunikativen Kompetenz, in: Ders., *N. Luhmann*, Theorie der Gesellschaft oder Sozialtechnologie, Frankfurt 1971, S. 101–141.

Helfer, I., Die tatsächlichen Berufsvollzüge der Sozialarbeiter, Frankfurt 1971.

Heller, A., Theorie der Bedürfnisse bei Marx, Berlin 1976.

Dies., Instinkt, Aggression, Charakter, Berlin 1977.

Dies., Das Alltagsleben, Frankfurt 1978.

Holzkamp, K., Sinnliche Erkenntnis – Historischer Ursprung und gesellschaftliche Funktion der Wahrnehmung, Frankfurt 1973.

Hornstein, W./Schefold, W./Schmeiser, G./Stackebrandt, J., Lernen im Jugendalter (Deutscher Bildungsrat, Gutachten und Studien der Bildungskommission, Bd. 54), Stuttgart 1975.

Huisken, F., Zur Kritik bürgerlicher Didaktik und Bildungsökonomie, München 1972.

Joas, H., Einleitung, in: *A. Heller*, Das Alltagsleben, Frankfurt 1978, S. 7–23.

Kentler, H., Versuch 2, in: *C. W. Müller/H. Kentler/K. Mollenhauer/H. Giesecke*, Was ist Jugendarbeit? München 1964, S. 37–88.

Kern, H./Schumann, M., Industriearbeit und Arbeiterbewußtsein, Frankfurt 1970.

Knieschewski, E., Sozialarbeiter und Klient, Weinheim/Basel 1978.

Konrad, G./Szelenyi, I., Die Intelligenz auf dem Weg zur Klassenmacht, Frankfurt 1978.

Kraußlach, J./Düwer, F. W./Fellberg, G., Aggressive Jugendliche, Jugendarbeit zwischen Kneipe und Knast, München 1976.

Kruse, W., Die Qualifikation der Arbeiterjugend, Frankfurt 1976.

Lefébvre, H., Kritik des Alltagslebens, 3 Bände (Reihe Hanser, Bd. 142–144), Bd. 1, München 1974; Bd. 2, München 1975; Bd. 3, München 1976.

Lessing, H., Existenzbedingungen der Arbeiterjugend und der Gegenstand ihrer Organisation (1973), in: *H. Lessing, M. Liebel*, 1974, S. 85–100.

Lessing, H./Liebel, M., Jugend in der Klassengesellschaft, München 1974.

Liebel, M., Aufgaben und Probleme sozialistischer Pädagogen in selbstverwalteten Jugendzentren; in: *H. Lessing, M. Liebel*, 1974, S. 241–254.

Ders., Produktivkraft Jugend, Frankfurt 1976.

Ders., Solidarität als pädagogisches Problem der offenen Jugendarbeit, in: Deutsche Jugend, 1978, H. 1.

Lingesleben, O., Die Berufssituation der Sozialarbeiter, Köln 1968.

Marx, K., Grundrisse der Kritik der politischen Ökonomie (Rohentwurf), Frankfurt/Wien o. J.

De Mapeou-Leplâtre, N., Der jugendliche Arbeiter im Betrieb, in: *L. v. Friedeburg* (Hrsg.), Jugend in der modernen Gesellschaft (Neue wiss. Bibliothek, 5), Köln/Berlin 1965, S. 486–498.

Müller, A., Erklären oder Verstehen? Frankfurt 1978.

Müller, B., Woher weiß Diethelm Damm, was ein Bedürfnis ist? In: Sozialmagazin, 2 (1977), H. 8, S. 58–61.

Ders., Profi oder Sympathisant? In: Sozialmagazin, 3 (1978 a), H. 3, S. 36–40.
Ders., Berufsalltag des Sozialarbeiters – Thesen über »Leidensdruck« und »Krankheitsgewinn«, Neue Praxis, 8 (1978 b), S. 26–29.
Müller, C. W., Versuch 1, in: Ders./*H. Kentler*/*K. Mollenhauer*/*H. Giesecke*, Was ist Jugendarbeit? München 1964, S. 11–36.
Negt, O./*Kluge, A.*, Erfahrung und Öffentlichkeit, Frankfurt [2]1973.
Nohl, H., Die pädagogische Bewegung in Deutschland, Frankfurt [3]1949.
Van Onna, B., Jugend und Vergesellschaftung (Untersuchungen der Sozialforschungsstelle Dortmund), Frankfurt 1976.
Ortmann, H., Arbeiterfamilie und sozialer Austieg, München 1971.
Dies., Lehren und Lernen an der Hochschule, in: *H. Ortmann, B. Müller, W. Fuchs*, Universitärer Alltag, Gießen 1977, S. 21–126.
Osterland, M./*Deppe, W.*/*Gerlach, F.*/*Mergner, U.*/*Pelte, K.*/*Schlösser, M.*, Materialien zur Lebens- und Arbeitssituation der Industriearbeiter in der BRD (Studienreihe des Soziologischen Forschungsinstituts Göttingen), Frankfurt 1973.
Panter, U., (Hrsg.), Staat und Jugend, Weinheim 1965.
Popitz, H./*Bahrdt, H. P.*/*Jüres, E. A.*/*Kesting, H.*, Das Gesellschaftsbild des Arbeiters, Tübingen 1957.
Popper, K. R., Logik der Forschung, 3. verm. Aufl. (Die Einheit der Gesellschaftswissenschaften, Bd. 4), Tübingen 1969.
Projektgruppe Jugendbüro des Deutschen Jugendinstituts, Die Lebenswelt von Hauptschülern, München 1975.
Reich, W., Was ist Klassenbewußtsein? Kopenhagen 1934.
Richter, H. E., Flüchten oder Standhalten, Hamburg 1976.
Roth, L., Der allmähliche Ausstieg aus der Ratlosigkeit, in: Sozialmagazin, 3 (1978), H. 4, S. 14–29; H. 5, S. 22–32.
Sartre, J. P., Kritik der dialektischen Vernunft, Reinbek 1967.
Schelsky, H., Die Arbeit tun die anderen. Klassenkampf und Priesterherrschaft der Intellektuellen, Opladen 1975.
Schmidbauer, W., Die hilflosen Helfer, Reinbek 1977.
Schneider, M., Neurose und Klassenkampf, Reinbek 1973.
Schülein, J. A., Selbstbetroffenheit. Über Aneignung und Vermittlung sozialwissenschaftlicher Kompetenz, Frankfurt/Main 1977 a.
Ders., Subjektive Krisen im sozialwissenschaftlichen Studium, in: Neue Praxis, 7 (1977) b, S. 314–327.
Scott, W. R., Konflikte zwischen Spezialisten und bürokratischen Organisationen, in: R. Mayntz (Hrsg.), Bürokratische Organisation (Neue wiss. Bibliothek, 27), Köln/Berlin [2]1971, S. 201–216.
Sève, L., Marxismus und Theorie der Persönlichkeit, Frankfurt 1972.

Siercks, H., Jugendpflege I: Männliche Jugend (Sammlung Göschen), Berlin/Leipzig 1913.

Sozialarbeiterinnengruppe Frankfurt, Gefühlsarbeit, in: Sozialmagazin, 3 (1978), H. 9, S. 22–32.

Specht, W., Jugendkriminalität und mobile Jugendarbeit, Neuwied/Darmstadt 1979.

Thiersch, H., Thesen zur Ausbildungs- und Berufssituation der Diplom-Sozialpädagogen, in: Neue Praxis, 6 (1976), S. 240–249.

Ders., Zum Selbstverständnis des Diplom-Pädagogen, in: Dokumentation der Gründungsversammlung der Bundesarbeitsgemeinschaft Diplom-Pädagogen, Frankfurt/Main 1977.

Ders., Alltagshandeln und Sozialpädagogik, in: Neue Praxis, 8 (1978), S. 6–25.

Treude, J., Rezension zu Kraußlach/Düwer/Fellberg: Aggressive Jugendliche, in: Literatur-Rundschau, Sonderheft Neue Praxis, 1 (1978), S. 58–58.

Vinnai, G., Sozialpsychologie der Arbeiterklasse, Reinbek 1973.

Wacker, A., Arbeitslosigkeit, Frankfurt/Köln 1976.

Wellendorf, F., Schulische Sozialisation und Identität, Weinheim 1973.

Ziehe, T., Pubertät und Narzißmus, Frankfurt/Köln 1975.

Zijderfeld, A. C., Die abstrakte Gesellschaft – Zur Soziologie von Anpassung und Protest, Frankfurt/Main 1972.

Leserinformation zur Reihe Kritische Texte: Sozialarbeit, Sozialpädagogik, Soziale Probleme

Handlungskompetenz und Jugendkriminalität. *Ein interaktionistisches Konzept zur Aufdeckung gesellschaftlicher Unterprivilegierung. Von Ralf Bohnsack.*

Emanzipatorische Sozialpädagogik und Strafrecht, *»Unzucht mit Kindern« – ein Beispiel bürgerlicher Zwangsmoral. Von Ignatz Kerscher.*

Erziehung und Veränderung, *Zur Begründung einer praxisbezogenen Sozialisationstheorie. Von Walter Hollstein und Marianne Meinhold.*

Stigmatisierung – *Zur Produktion gesellschaftlicher Randgruppen. Herausgegeben von Manfred Brusten und Jürgen Hohmeier, 2 Bände.*

Supervision, *Analyse eines fragwürdigen Kapitels der Sozialarbeit. Von Norbert Huppertz.*

Sozialpädagogik, Psychoanalyse und Sozialkritik, *Perspektiven sozialer Berufe. Von Aloys Leber/Helmut Reiser (Hrsg.), 2. Auflage.*

Kinder spielen Konflikte, *Zur Problematik von Simulationsverfahren für Soziales Lernen. Von Volker Gold, Wolfgang L. Ranftl, Marianne Vogel, Mignon Wagner, Inge Weber. 2. Auflage.*

Soziale Kontrolle, *Soziologische Theoriebildung und ihr Bezug zur Praxis der sozialen Arbeit. Von Peter Malinowski und Ulrich Münch.*

Sozialplanung für wen? *Gesellschaftsstruktur, Planung und Partizipationen. Von Friedrich Ortmann (Hrsg.).*

Wie Obdachlosigkeit gemacht wird, *Die Entstehung und Entwicklung eines sozialen Problems. Von Peter Höhmann.*

Konfliktfeld Sexualität. *Im Auftrag der Gesellschaft zur Förderung Sozialwissenschaftlicher Sexualforschung (GSS). Von Ignatz Kerscher.*

Kritik und Handeln, *Interaktionistische Aspekte der Sozialpädagogik. Von Hans Thiersch.*

Jugendfreizeitzentrum für Soziales Umfeld. *Eine sozialwissenschaftliche Studie zur stadtteilorientierten Jugendarbeit. Von Raymund Krisam und Hans Georg Tegethoff.*

Arbeiterjugend – heute. *Von Elke Stark-von der Haar.*

Studienführer für Sozialarbeiter/Sozialpädagogen. *Ausbildung und Beruf im Sozialwesen. Von Henrik Kreutz und Rainer Landwehr (Hrsg.).*

Opfer des Arbeitsmarktes. *Zur Theorie der strukturierten Arbeitslosigkeit. Projektgruppe Arbeitsmarktpolitik, Claus Offe (Hrsg.).*

Elternbildung als sozialpädagogische Aufgabe, *Erfahrungen, Modelle, Vorschläge. Von Barbara Schmitt-Wenkebach.*

Freizeitpädagogik in der nachindustriellen Gesellschaft, *2 Bände von Wolfgang Nahrstedt.*

Sozialpädagogik und Krisenintervention. *Von Balzer/Rolli.*

Frauen in der Sozialarbeit. *Von Hans Drake.*

Handbuch der Sozialarbeit/Sozialpädagogik

Herausgegeben von Hanns Eyferth, Hans-Uwe Otto, Hans Thiersch
ca. 1000 Seiten, Leinen, ca. DM 68,–
ISBN 3-472-51014-5

In der Sozialarbeit und Sozialpädagogik der Bundesrepublik steht es nicht gut um das Verhältnis von Wissenschaft und Praxis. Zwischen einander bestenfalls ergänzenden, vielfach aber noch wenig mit dem Bedürfnissen einer sich ausdifferenzierenden Berufspraxis integrierenden Theoriebildungen ist der Informationsfluß gering, die allgemein als notwendig erachtete Kooperation unbefriedigend und deshalb die Bildung gemeinsamer Interessen und Fragestellungen bislang schwierig. Deutlich wird das z. B. in der keineswegs überwundenen Konfliktstruktur zwischen Ausbildung und Beruf.

Den Herausgebern kommt es in dieser Situation auf eine kritische Darstellung an, die den gesellschaftlichen Zusammenhang des Ganzen sowie die Handlungkonflikte der Einzelfelder für die Weiterentwicklung der sozialen Arbeit nutzbar macht. In diesem Problemrahmen sollen aber weder ein eingeengtes theoretisches Konzept noch praktische Rezepte festgeschrieben werden.
Fast 90 Autoren, profilierte Vertreter ihrer Fachdisziplinen, realisieren in ebensovielen Beiträgen das Anliegen der Herausgeber. Das konsequent gegliederte Stichwortverzeichnis erleichtert den Einstieg in die jeweilige Problematik.

Zu den Herausgebern:
Prof. Dr. Hanns Eyferth, lehrte bis zu seiner Emeritierung Pädagogik und Sozialpädagogik an der Pädagogischen Hochschule Lüneburg und war dann langjähriger Vorsitzender des Trägervereins des Deutschen Jugendinstituts in München.
Prof. Dr. Hans-Uwe Otto hat einen Lehrstuhl für Sozialarbeit und Sozialpädagogik an der Universität Bielefeld inne und ist Geschäftsführender Vorstand der Kommission Sozialpädagogik der Deutschen Gesellschaft für Erziehungswissenschaften (DGfE).
Prüf Dr. Hans Thiersch hat den Lehrstuhl für Pädagogik im Arbeitsbereich Sozialpädagogik des Instituts für Erziehungswissenschaften I an der Universität Tübingen inne und ist Vorsitzender der Deutschen Gesellschaft für Erziehungswissenschaften (DGfE).

Luchterhand